설득의
마법사

상대의 마음에 울림을 만들어내는
설득의 마법사

지은이 | 지순호, 홍지희
펴낸곳 | 북포스
펴낸이 | 방현철

편집자 | 공순례
디자인 | 엔드디자인

1판 1쇄 찍은날 | 2015년 11월 13일
1판 1쇄 펴낸날 | 2015년 11월 20일

출판등록 | 2004년 02월 03일 제313-00026호
주소 | 서울시 영등포구 양평동5가 18 우림라이온스밸리 B동 512호
전화 | (02)337-9888
팩스 | (02)337-6665
전자우편 | bhcbang@hanmail.net

이 도서의 국립중앙도서관 출판시도서목록(CIP)은 e-CIP 홈페이지(http://www.nl.go.kr/ecip)와
국가자료공동목록시스템(http://www.nl.go.kr/kolisnet)에서 이용하실 수 있습니다.
(CIP제어번호: 2015028905)

ISBN 978-89-91120-94-5 03190
값 14,000원

상대의 마음에 울림을 만들어내는

설득의 마법사

— 지순호 · 홍지희 지음 —

북포스

프롤로그

몇 년 전 《읽지 않은 책에 대해 말하는 법》이라는 책을 서점에서 발견하고 한 치의 주저함 없이 구입한 적이 있다. 물론 그 책은 아직도 내 책장에 그대로 있다. 또 하나의 '읽지 않은 책'이 되어서 말이다. 읽지는 않았지만, 그 책이 무엇을 말하는가는 알고 있다. '우리가 알고 있는 대부분의 명작은 그 스토리가 공개되어 있어서 제대로 읽지 않아도 다른 사람과 대화할 때 큰 무리가 없다는 게 특징'이라는 거다.

바로 그러한 책, 그러니까 읽지 않고도 스토리를 알고 있는 책 중 하나로 《오즈의 마법사》를 꼽을 수 있다. 우리가 알고 있는 줄거리는 대략 다음과 같다.

주인공 도로시는 갑자기 불어닥친 회오리바람에 휩쓸려 오즈의 나라로 가게 된다. 순식간에 가족과 떨어지게 된 도로시는 집으로 돌아갈 방법을 찾는다. 그런 도로시에게 오즈의 사람들은 '오즈의 마법사'를 만나면 가능할 거라고 알려준다. 이 말을 듣고 도로시는 마법사가 살고 있는 에메랄드 시로 여행을 떠난다. 에메랄드 시로 가는 도중 도로시는 세 명의 친구를 만난다. 바로 허수아비와 양철 나무꾼 그리고 사자다.

세 친구는 자신들이 갖고 있지 못한 것에 대해 도로시에게 말했고, 오즈의 마법사를 만나면 자신들이 원하는 것을 얻을 수 있으리라는 믿음으로 도로시와 함께 에메랄드 시로 향한다. 세 동행자가 갖기를 원한 것은 각각 달랐다. 허수아비는 지혜로운 생각을 할 수 있는 머리, 즉 뇌를 원했다. 양철 나무꾼은 이루지 못한 사랑을 얻기 위해서는 자신에게 심장이 필요하다고 생각했다. 사자는 숲 속의 모든 동물이 자신을 용감한 존재로 알고 있지만 사실 자신은 겁쟁이라고 고백하며, 마법사를 만나면 용기를 가질 수 있으리라고 믿는다.

이처럼 각자 부족한 것을 얻을 수 있다는 희망으로 마법사를 만나러 가는 여정을 그려놓은 것이 《오즈의 마법사》다. 솔직히 나는 어려서 《오즈의 마법사》를 읽은 적이 없다. 그러다가 2013년 겨울 〈위키드〉라는 뮤지컬을 보게 되었다. 《오즈의 마법사》 스토리를 다른 관점에서 만들어낸 뮤지컬이었다. 그때 원작을 읽고 싶다는 욕구가 생겨

그제야 제대로 읽게 됐다.

어드벤처 소설의 하나로 생각했던 그 동화는 많은 것을 생각하게 했다. 소설 속 등장인물(?)들이 자신들에게 부족한 것을 찾아 헤매는 여정은 마치 우리 인간의 모습을 그린 듯했다. 그들에게 부족한 것들은 우리 인간에게도 의미가 있고 가치가 있는 것들이다.

사자가 갖기를 원하는 '용기'는 자기 자신에 대한 확신과 자기 본연의 모습을 찾고자 함을 의미한다. 우리가 인생을 사는 가장 근본적인 이유다. 자기를 제대로 느끼고, 자신에 대한 확신으로, 자신만의 결을 드러내며 세상으로 나아가는 것이다.

양철 나무꾼이 갖기를 원하는 '심장'은 나를 둘러싸고 있는 타인을 느끼게 해주는 것이다. 우리는 혼자서는 살 수 없는 존재다. 사람들 사이에서 나의 존재를 확인하고, 사람들과의 관계를 통해 나의 자아도 더 크게 확장되고 성장한다. 심장이 멈추면 사망하듯이, 타인의 감정과 상황을 느끼는 능력이 없다면 감성 시대를 살아가는 데 치명적인 결함이라고 할 수 있다.

허수아비가 갖기를 원하는 '뇌'는 바로 지혜다. 살아가면서 우리는 많은 문제와 갈등을 만나게 된다. 그럴 때 문제를 현명하게 풀어나갈 수 있는 것이 지혜. 우리는 수많은 실패와 성공의 경험을 통해 지혜를 쌓아간다. 그렇게 축적된 지혜를 가지고 또 다른 도전을 하게 되기도 한다. 그러므로 평생에 걸쳐 배우고 익혀야 하고, 그럼으로써 계속

쌓여가는 것이 바로 지혜다.

단순히 신비한 나라를 여행하는 과정이라고 알고 있던 어린 시절의 동화는 인생의 중요한 세 가지를 찾아가는 과정을 보여주고 있다.

우리는 모두 사람들과의 관계 속에서 울고 웃고, 성공하고 좌절도 하게 된다. 다른 사람이 내가 원하는 방향으로 잘 따라오면 행복해지고, 성공도 얻게 된다. 우리가 만나는 많은 사람을 내가 원하는 방향으로 이끄는 것이 바로 설득이다. 우리는 사람을 설득해야 하는 상황을 하루에도 수없이 맞이한다. 엄마가 자식에게 행동의 변화를 만들어내는 것도 설득이다. 자식은 그것을 잔소리라고 생각할지라도 말이다. 직장의 상사가 부하 직원이 성과를 잘 낼 수 있도록 하는 것도 설득이다. 정치가가 유권자들에게 자신의 정치적 신념을 피력하여 공감을 이끌어내는 것도 설득이다. 쇼 호스트가 시청자를 자극해 전화기의 버튼을 누르게 하는 것도 설득이다.

설득을 잘하고자 한다면 무엇을 갖추어야 하는지 사람들은 알고 싶어 한다. 그렇다면 《오즈의 마법사》를 가만히 읽어보라. 거기서 그리는 세 가지 요소가 바로 설득의 중요한 요소들이다.

타인을 설득한다는 것은 타인에게 나를 진실하게 드러내고, 타인의 상황과 감정을 제대로 알고, 거기 존재하는 문제를 해결할 수 있는 지혜가 있어야 가능한 일이다. 도로시와 친구들이 오즈의 마법사를 찾아 얻고자 했던 세 가지를 가진다면, 설득에 필요한 최상의 기술을 모두 갖춘 셈이다.

　각자 부족한 것을 얻기 위해 마법사를 찾아 떠났던 동화 속 주인공들처럼, 설득의 필수요소 중 나에게 부족한 것이 무엇인지부터 찾아보자. 그러기 위해 지금부터 설득의 마법사를 찾아 함께 떠나보자.

· 차 례 ·

프롤로그 · 4

1장

오즈의 나라로

도로시와 친구들, 설득하러 가다 · 14

2장

사자에게 용기를!

못생기면 죄? · 24 │ 첫사랑을 잊지 못하는 이유 · 29 │ 인상을 만드는 법 · 37 │
옷차림도 전략 · 47 │ 빛 좋은 개살구 · 52 │ 빛깔도 좋고 맛도 좋아 · 55 │ 너나
잘하세요! · 61 │ 천상천하 유아독존 · 65 │ 다른 사람을 끌어들이는 힘 · 74 │
자기다움이 가장 아름답다 · 80 │ 나답게 산다는 것 · 87 │ 사자는 무서웠지만
용기를 냈다 · 97

3장

양철 나무꾼에게 심장을!

봄이 돼요 · 102 | 아프냐? 나도 아프다! · 108 | 내가 제일 잘나가 · 112 | 쇼핑은 즐거워 · 117 | 마음의 귀를 열어라 · 122 | 듣고 있음을 표현하라 · 128 | 동조하라, 그의 모든 것을 · 135 | 넘사벽을 허무는 공감의 힘 · 144 | 칭찬을 잘하려면 · 149 | 궁금하면 오백 원 · 161 | 사람은 이야기를 좋아해 · 166 | "사랑에 빠졌을 때 난 행복한 남자였어" · 175

4장

허수아비에게 지혜를!

에메랄드 시의 녹색 안경 · 180 | 대화를 가두는 틀 · 189 | 설득에는 기승전결이 필요하다 · 196 | 주장에는 근거가 필요하다 · 207 | 왜냐고 물어라, 계속해서 · 218 | 설득력 있는 논거의 세 가지 조건 · 225 | 어떤 사실 근거를 선택하느냐 · 234 | "뇌를 어떻게 사용할지는 스스로 찾아내야 해" · 238

에필로그 · 251

"난 오즈의 마법사에게 가서 뇌를 달라고 할 거야.
내 머리는 지푸라기로 채워져 있거든."
허수아비가 말했다.
"그리고 난 오즈의 마법사에게 심장을 달라고 할 거야."
양철 나무꾼이 말했다.
"그리고 난 오즈의 마법사에게 토토와 나를
캔자스로 돌려보내 달라고 할 거야."
도로시도 말했다.
"오즈의 마법사가 내게 용기를 줄 수 있을까?"
겁쟁이 사자가 말했다.
"나에게 뇌를 줄 수 있다면 용기도 줄 수 있겠지."
허수아비가 말했다.
"나에게 심장을 줄 수 있다면 그것도 쉬운 일이겠지."
양철 나무꾼이 말했다.
"나를 캔자스로 돌려보내 준다면 그것도 할 수 있겠지."
도로시가 말했다.

1장
....
오즈의
나라로

도로시와 친구들,
설득하러 가다

도로시와 친구들은 오즈에게서 각자가 원하는 것을 얻기 위해, 즉 오즈를 '설득'하러 에메랄드 시로 여행을 떠난다.

설득을 글자 그대로 풀이하면 '말씀 설(說)', '얻을 득(得)'이다. 즉, 말로 얻는다는 뜻이다. 그렇다면, 말 잘하는 사람이 설득을 잘하는 사람일까? 흔히 말 잘하는 사람을 이렇게 평가하곤 한다. '말만 뻔지르르하다', '말발이 세다', '말은 잘하네.' 보다시피 대부분 부정적 의미다. 말은 잘하는 것 같지만 믿음이 가지 않거나, 공감하기 어렵거나, 논리적으로 이해가 되지 않을 때 우리는 이처럼 표현한다. 그러니 말만 잘한다고 해서 설득을 할 수 있는 것은 아니다.

설득을 다시 풀이하자면 '말하는 사람이 설명(說明)해서, 말을 듣는 상대방을 납득하게 하는 것'이다. 납득에서 납(納)은 받아들인다, 득 (得)은 깨달아 얻는다는 뜻이다. 말하는 사람이 설명을 하고 상대가 그 의견을 받아들여 깨닫게 될 때 그것을 설득이라고 한다.

결국 설득은 '언어를 통해 상대방의 마음과 행동에 영향력을 행사 하는 과정', '사람의 마음을 움직여서 자신이 원하는 방향으로 이끄는 것'이라고 정의할 수 있다.

그러면 설득을 잘하기 위해서는 무엇이 필요할까?

아리스토텔레스는 《수사학》에서 설득은 선천적으로 타고나는 능력 이 아니라 학습을 통해 배울 수 있는 기술이며, 설득에는 세 가지 요 소가 필요하다고 주장했다. 그 세 가지 요소란 에토스(Ethos), 파토스 (Pathos), 로고스(Logos)다. 아리스토텔레스는 이 세 가지 개념이 모 두 적절히 배합되어야 효과적으로 상대를 설득할 수 있다고 했다.

에토스란 명성·신뢰감·호감 등 메시지를 전달하는 사람에 대한 인 격적인 측면으로, 아리스토텔레스는 기본적으로 말하는 사람을 신 뢰해야 설득할 수 있다고 했다. 말하는 사람의 고유한 성품, 즉 체형, 신장, 자세, 옷차림, 청결도, 목소리, 명성, 단어 선택, 눈 맞춤, 성실, 신뢰, 카리스마 등을 말한다.

친구 중에 상대방이 어떤 주장을 하기만 하면 "누가 그러는데?"라 고 묻는 이가 있다. "응, TV ○○ 프로그램에서 ○○○ 교수가 말했어"

라고 해야 믿는다. '동네 아는 애'가 말하는 것보다 'ㅇㅇㅇ 교수', 그것도 TV에 나오는 교수가 말하면 더 설득력이 있는 것이다.

이 에토스 때문에 광고에서는 모델이 굉장히 중요하다. 모델의 에토스가 제품에 대한 이미지로 연결되기 때문이다. 광고 계약기간 중 이혼을 하거나 음주나 폭행으로 경찰서 신세를 진 연예인들이 광고주로부터 손해배상 소송을 당하는 경우를 종종 볼 수 있다. 광고 모델로 부정적인 영향을 미쳐 설득에 중요한 요소인 에토스를 깎아내리기 때문이다.

파토스는 공감, 경청 등으로 친밀감을 형성하거나 유머, 공포, 연민 등 감정을 자극해 마음을 움직이는 감정적 측면이다. 에토스가 말하는 사람에 관한 부분이라면 파토스는 듣는 사람의 마음 상태를 말한다. 말하는 사람이 상대의 마음을 읽어 듣는 사람과 서로 통해야 설득이 일어난다.

예컨대 온수매트를 판다고 해보자. 두 가지 방법을 사용할 수 있다. 첫 번째는 장점을 설명하는 방법이다.

"온수매트의 장점은 세 가지로 설명할 수 있습니다. 실용성, 내구성, 편리성입니다. 먼저 실용성에 관해 말씀드리겠습니다…"

두 번째는 감성에 호소하는 방법이다.

"저희 부모님이 시골에 사시는데, 집이 외풍이 세서 겨울만 되면 너무 추워요. 항상 마음이 아팠는데 조금씩 돈을 모아 큰 맘 먹고 온수매트를 사드렸습니다. 얼마 전 부모님의 전화를 받았어요. 이번 겨울은 정말 따뜻하게 보낼 수 있겠다며 아픈 데도 다 나은 것 같다고 하시는데, 저도 마음이 따뜻해졌습니다."

두 번째 방법이 감정을 움직이는 파토스를 이용한 설득이다. "여보, 아버님 댁에 보일러 놓아드려야겠어요"라는 광고 카피가 아직도 기억나는 이유는 이 파토스를 적절히 사용했기 때문이다.

마지막으로 로고스는 주장하고자 하는 바에 대해 타당한 근거나 실증적인 자료 등을 제시하는 논리적 측면을 말한다. 온수매트를 판매한 첫 번째 방법이 로고스를 사용한 것이다. 아리스토텔레스는 로고스를 통해 인간의 이성적이고 합리적인 면을 자극해 상대를 설득할 수 있다고 했다.

에토스, 파토스, 로고스 이 세 가지 중 설득에 가장 많은 영향을 미치는 것은 무엇일까? 이렇게 물으면 많은 사람이 로고스를 꼽는다. '설득=논리'라고 생각해서다. 그러나 아리스토텔레스에 따르면 에토스가 60퍼센트의 영향을 미치는 데 비해 파토스는 30퍼센트, 로고스는 10퍼센트 정도에 불과하다. 같은 말을 해도 신뢰가 가는 사람, 마음이 가는 사람이 하는 말은 받아들일 가능성이 많지만, 믿을 수 없고 싫어하는 사람의 말은 사람은 귀에 잘 들어오지 않는 게 이 때문이다. 마음을 열기 전에는 어떤 논리적인 말도 귀에 들어오지 않으니, 에토스와 파토스로 먼저 마음을 열어야 한다.

나는 대한민국 직장인이다. 월급에서 꼬박꼬박 세금을 내고 있다. 그런데 세금을 내는 게 아깝고 속상하고 억울하다고 느껴질 때가 있다. 이런 사람이 비단 나만은 아닐 것이다. 세금이 아깝다고 여겨지는 것은 세금의 관리주체인 정부를 믿을 수 없고, 세금이 필요한 곳에 쓰이고 있지 않다는 생각 때문이다.

북유럽의 작은 나라 에스토니아에서는 버스, 트램 등 대중교통이 모두 무료다. 2013년 대중교통을 무료로 전환하기 위해 세금을 올렸지만 에스토니아 사람들은 흔쾌히 동의했다. '내가 낸 세금이 목적에 맞게, 필요로 하는 곳에 제대로 쓰이고 있구나'라고 느끼기 때문일 것이다.

신뢰가 있으면 세금이 아깝지 않다. 이것이 60퍼센트의 영향력을 가지는 에토스의 중요성이다. 세금의 에토스는 세금을 부과하고 운영하는 시스템이 가지는 신뢰도와 호감을 말한다. 우리나라는 세금 문제에서 에토스가 낮다. 그러다 보니 세무 공무원들이 상담할 때 어려움을 많이 겪는다고 한다. 상담을 할 때 파토스와 로고스를 최대한 사용해도 설득이 쉽지 않다는 것이다.

그런데 세무서 직원이 나와 엄청나게 친한 친구라면 어떨까? 친구끼리는 이미 형성된 신뢰 관계를 바탕으로 대화를 하기 때문에 조금은 호감을 가지고 듣게 된다. 그리고 친구는 정부 편이 아닌 내 편에서 나에게 유리하게 설명해줄 거라는 기대가 있으므로 마음을 열게 된다.

친해지면 설득이 쉽다. 설득을 위해서는 상대가 나를 친밀하게 느끼도록 해야 한다. 가뜩이나 세금의 에토스가 낮아 믿음이 가지 않는데 공무원들이 내 입장을 전혀 알아주지 않으면 더더욱 생돈 뺏기는 느낌이 든다. 그러나 상대가 나에게 공감해주어 친밀감을 느끼면 상대의 말이 마음에 와 닿기 시작한다. 이것이 30퍼센트의 중요성을 가지는 파토스의 힘이다.

친구가 직장을 옮기면서 세금 신고가 누락되어 가산세가 부과된 세금고지서가 날아왔다. 거의 한 달 월급과 맞먹는 금액이었다. 득달같이 관할 세무서에 전화를 했다.

"이직하느라 정신이 없어서 신고를 제대로 못 했어요. 한꺼번에 이렇게 많은 돈을 어떻게 냅니까?"

전화를 받은 세무서 직원이 이렇게 답했다.

"세법 제○조 ○항에 따르면 납부기한 내 납부하지 못하면 가산세가 붙습니다. 납부하셔야 합니다. 저희 규정에 따르면 분할 납부가 불가능합니다."

이때 바로 "네, 알겠습니다. 납부하지요"라고 할 사람은 아마도 없을 것이다. 로고스만으로 설득하려 한다면 아무리 논리적으로 법과 규정을 제시해도 상대는 설득이 잘 되지 않는다.

에토스와 파토스가 낮은 상태에서는 로고스가 큰 힘을 발휘하지 못한다. '고양이는 뒷덜미를, 토끼는 귀를, 사람은 마음을 잡아야 한다'는 말이 있다. 로고스만으로는 마음을 잡을 수가 없다. 그래서 아리스토텔레스도 10퍼센트 정도의 영향력밖에 갖지 못한다고 했을 것이다.

설득의 세 가지 요소에 대해 알아보았다. 《오즈의 마법사》에서 사자에게 필요한 '용기'는 설득의 3요소 중에서 '에토스'라고 할 수 있다. 양철 나무꾼이 원하는 '심장'은 '파토스'에 해당하며, 허수아비가 원하는 '뇌'는 '로고스'라고 할 수 있다.

이제 에메랄드 시로 여행을 떠난 도로시와 친구들이 각자 원하는 것을 얻는 비법에 대해 하나씩 짚어보자.

"하지만 그건 옳지 않아. 짐승의 왕이 겁쟁이여서는 안 돼."

허수아비가 말했다.

"나도 알아. 그래서 나도 슬프고 불행해. 위험이 생기면 심장이
쿵쾅거리거든."

사자가 꼬리 끝으로 눈물을 닦으며 대답했다.

(…)

"괜찮다면 나도 너희를 따라갈래. 용기가 없는 내 삶은 견딜 수가
없거든."

사자가 말했다.

"환영해. 네가 있으면 다른 야생동물들이 가까이 오지 못할 거야.
너를 보고 그렇게 쉽게 겁먹다니 다른 동물들이 너보다
더 겁쟁이 같아."

도로시가 말했다.

"정말 그래. 하지만 그렇다고 해서 내가 용감해지는 건 아니야.
나 스스로 겁쟁이라는 걸 알고 있는 이상 난 행복할 수 없어."

사자가 말했다.

2장
. . . .
사자에게
용기를!

못생기면 죄?

현영, 박명수, 김나영, 이국주. 이들의 공통점은 무엇일까? 데뷔 초 많은 사람에게 비호감 연예인으로 평가받았지만 시간이 지남에 따라 호감 연예인으로 바뀌었다는 점이다. 물론 개인적 취향에 따라 호감, 비호감은 달라질 것이다. 그렇지만 이들이 데뷔 당시, 대세가 비호감 이었던 건 대부분이 인정하는 바다.

이들은 처음에 왜 비호감 연예인으로 불렸을까? 과도한 몸짓, 이상 한 목소리, 괴상한 옷차림과 헤어스타일, 잘생기거나 예쁘지 않은 외 모 등 평범하지 않은 모습 때문이었다. 사람들은 이들을 '이상하다'고 평가했다. 처음부터 호감을 갖게 하는 잘생기고 예쁜 외모의 소유자 인 장동건, 김태희 같은 인물들에 비하면 이들은 연예계에서 활동하기가 힘들었을 것이다. 그래서 이들은 오랜 시간에 걸쳐 자신의 솔직함을 드러내는 노력을 기울였고, 그에 따라 점차 호감을 얻게 되었다.

이들을 통해 우리는 두 가지를 알 수 있다. 하나는 호감 가는 외모에서 첫인상이 결정된다는 것이고, 다른 하나는 첫인상을 극복하기 위해서는 많은 시간과 노력이 필요하다는 것이다.

이것은 비단 연예인들에게만 해당하는 이야기가 아니다. 언젠가 한 TV 프로그램에서 모의재판 실험을 본 적이 있다. 재판에서 피의자의 외모가 판결에 영향을 미치는지 알아보기 위한 실험이었다. 진행의 공정성을 위해 배심원은 성별과 나이가 다양하도록 선정됐다. 재판 내용은 '피의자는 중앙선을 침범하여 마주 오던 승용차와 충돌, 사망케 한 혐의를 받고 있다. 몇 년의 형을 구형할 것인가?'였다. 배심원 앞에 허름한 차림을 한, 별 볼 일 없는 외모의 여성 피의자를 세워두고 판결을 하게 했다. 그런 다음에는 배심원을 바꾸어 똑같은 여성을 헤어, 메이크업, 옷차림 등을 통해 매력적인 모습으로 변신시킨 후 다시 세웠다.

배심원들은 어떤 판결을 내렸을까? 매력적이지 않은 피의자에게 그들은 평균 8.9년을 구형했다. 그런데 놀랍게도, 매력적인 피의자의 판결 결과는 평균 5.1년에 그쳤다. 이는 매력적인 외모가 범죄 형량에까지 영향을 미친다는 사실을 보여준다.

예전에 고객 상담실에서 근무할 때 경찰관 고객이 정기적으로 방문한 적이 있었다. 항상 나이 지긋한 경찰 아저씨가 오셨고, 나는 사무적으로 서류를 떼주곤 했다. 그런데 어느 날, 젊고 잘생긴 경찰관이 똑같은 사무로 방문했다. 간단하게 서류만 발급해주면 되는 일인데 나도 모르게 경찰관에게 말을 걸고 있었다. 얼굴이 밝아지고 목소리 톤이 높아지며 더 친절하게 상담하게 됐다. 어쩔 수 없는 인간의 본능이라고 생각하며….

당신은 아니라고 생각하는가? 우리는 알고 있다. 외모보다는 인격이 더 중요하다는 사실을. 이것은 만고불변의 진리다. 그러나 우리는 신이 아니기에 겉으로 보이는 모습에 많은 영향을 받는다. 인격을 알아보기 위해서는 많은 시간과 경험이 필요한데, 우리는 짧은 시간에 상대가 적인지 친구인지 판단해야 한다. 그래서 인격을 알아보기 위한 단서로 짧은 시간 안에 판단할 수 있는 겉모습을 활용하는 것이다. 신은 마음을, 사람은 겉모습을 먼저 본다는 말도 있잖은가.

2005년 하버드 경영대학원 티지아나 카시아로(Tiziana Casciaro) 교수는 '호감과 능력 중 무엇이 더 중요한가'에 관한 연구 결과를 발표했다. 당신은 직장에서 '유능한 밉상'과 '매력적인 바보' 중에 누구랑 근무하고 싶은가? 사람들은 매력적인 바보를 선택했으며, 유능한 밉상은 대부분 피하고 싶어 했다. 호감도와 능력 중에서 호감을 더 중시했다는 얘기다.

　온도가 영하로 떨어져 추운 어느 날, 아름다운 아가씨가 손을 호호 불어가며 지하철역 앞에서 전단을 나누어준다. 근처에서 허름한 차림의 아주머니가 똑같은 전단을 나누어주고 있다. 당신은 누구의 전단을 받아줄 것인가?

　누구의 전단이 빨리 소진될지 차이켄(Chaiken)의 연구로 알아보자.

　신학기가 시작되고 매사추세츠 대학교 캠퍼스는 활기를 띤다. 학생들은 동호회를 홍보하며 신입생을 모집하고 있다. 이들이 잔디밭에 모여 앉아 자기소개를 하며 친목을 다지고 있는데, 그중 한 명에게 어떤 학생이 다가와 잠시 시간을 내줄 수 있느냐고 묻는다. 마침 시간이 남던 참이라 응하자 그가 이렇게 말했다.

　"구내식당에서 아침과 점심으로 고기가 식단으로 나오는 것을 멈추어야 합니다."

_《아름다움의 권력》, 성영신·박은아, 소울메이트

　이 학생은 자신의 메시지를 간략하게 주장한다. 그러고는 자신의 주장에 동의한다면 서명해 달라고 부탁한다.

　당신이라면 서명을 할 것인가? 서명을 할지 말지 결정하는 기준은 무엇일까? 당연히 이성적, 합리적 판단이 아닐까?

그러나 결과는 그렇지 않았다. 서명운동 실험에는 매력적인 외모의 학생들과 그렇지 않은 학생들이 나누어 투입되었는데, 매력적인 학생이 나섰을 때 더 많은 사람이 서명에 동참했다. 실제로 사람들은 자신도 모르게 매력적인 사람에게 더 잘 설득된다.

이 점을 생각하면, 전단을 나눠주던 허름한 차림의 아주머니는 아름다운 아가씨보다 집에 더 늦게 돌아갈 것임을 알 수 있다.

설득자가 호감 있는 인상이라면 설득의 에토스 또한 높아질 것이다. 짧은 시간 안에 호감을 형성하는 것, 그것이 설득의 시작이다.

첫사랑을
잊지 못하는 이유

　당신은 첫사랑을 기억하는가? 아직도 마음속에 간직한 채 잊지 못하고 있는가? 많은 사람, 특히 남자들이 첫사랑을 못 잊는 이유는 무엇일까? '처음'이라는 점이 그만큼 강렬하기 때문이다.

　사람을 처음 만나게 되는 소개팅에서 호감, 비호감을 결정하는 데에는 시간이 얼마나 걸릴까? 이 주제로 소개팅닷컴에서 설문조사를 했다. 문항은 '만나자마자 바로', '30분 이내', '한 시간 이내', '헤어질 무렵'으로 제시되었다. '30분 이내'라고 답한 사람이 39퍼센트, '만나자마자 바로'가 36퍼센트로 근소한 차이를 보이며 1, 2위를 기록했다. 둘을 합하면 75퍼센트에 이른다. 나머지 두 문항은 '헤어질 무렵' 16

퍼센트, '한 시간 이내' 9퍼센트라는 결과가 나왔다. 소개팅에서 성공과 실패를 결정짓는 기준이 초반 30분에 달려 있음을 보여준다.

면접에서도 첫인상이 중요하다. 면접관을 대상으로 한 설문조사 결과 '첫인상을 고려한다'는 문항에 '그렇다'는 응답이 86퍼센트, '첫인상 때문에 감점한 적이 있다'는 문항에 '그렇다'는 응답이 73퍼센트를 차지했다. 회사에서의 업무능력에 대한 기대도 첫인상이 좌우한다는 얘기다.

당신 역시 새로운 사람을 만나는 순간마다 무의식적으로 상대를 탐색한다. 얼굴빛, 눈빛, 표정, 목소리, 말투, 행동, 옷차림, 체형 등이 어떠한지 판단한다. 이런 것들이 상대방의 전부가 아니라는 건 알지만, 거의 무의식적으로 그렇게 된다. 당신은 그에 대한 인상을 만들고 그 틀에서 그를 바라보기 시작한다. 예컨대 '눈을 잘 못 맞추는 것을 보니 소심한 성격이군' 하는 식이다. 이렇게 사람들은 외모, 몸짓, 말투 등 작은 정보를 바탕으로 형성된 첫인상으로 상대를, 심지어는 성격까지도 판단해버리곤 한다. 그것이 정확한지 그렇지 않은지에는 관심도 없다.

첫인상이 중요한 첫 번째 이유는 '초두효과' 때문이다. 초기 정보가 후기 정보보다 훨씬 더 중요하게 작용한다는 의미다. 몇 년 전 '옥동자'로 유명한 개그맨 정종철의 복근 사진을 본 적이 있다. 살을 많이 빼서 헬스 트레이너에게서나 볼 수 있는 초콜릿 복근이 형성되어 있었다. 부적 놀랐는데, 웃기고 못생긴 개그맨의 이미지와 달라서였다. 그러나 지금 정종철의 이미지를 떠올려보면 초콜릿 복근이 아니라 못생긴 얼굴과 함께 재미있는 사람이라는 점이 여전히 먼저 생각난다. 이처럼 새로운 정보는 초기에 형성된 인상을 뛰어넘기 힘들다.

누군가가 당신에게 다음과 같이 말하면서 사람을 소개해준다고 해보자.

"A는 성격이 급하고 귀찮은 면도 있지만 착하고 의지할 수 있는 사람입니다. B는 착하고 의지할 수 있는 사람입니다. 성격이 급하고 귀찮은 면도 있기는 하지만요."

A와 B 중 더 호감이 가는 사람은 누구인가? 아마도 B가 아닐까 싶다.

두 사람에 대한 묘사는 다른 점이 없다. 같은 특징을 이야기하되, 순서만 바꿨을 뿐이다. 그런데도 느낌이 확 다를 것이다. 부정적인 내용이 먼저 제시된 A는 긍정적인 내용이 먼저 이야기된 B에 비해 훨씬 더 부정적으로 평가된다. 처음 제시된 정보가 나중에 제시된 정보보다 큰 영향을 미치기 때문이다. 나중에 제시된 정보가 처음에 제시된 정보의 영향력을 뒤집으려면, 상당히 파격적이고 충격적이어야 한다.

왜 그럴까? 사람들은 처음에 들어온 정보를 바탕으로 나중에 얻은 정보를 평가하고 해석하기 때문이다. 최초의 정보는 나중에 들어올 정보의 가이드라인이 된다. 이 초두효과 때문에 우리가 누군가를 만났을 때 서로의 첫인상이 앞으로 관계에서 큰 영향력을 갖게 되는 것이다.

이렇게 형성된 첫인상은 함께 지내다 보면 바뀌게 될까? 절대 바뀌지 않는 것은 아니지만, 바뀌기가 무척 어렵다. 첫인상이 중요한 두 번째 이유가 바로 이것이다. 사람들이 첫인상을 좀처럼 바꾸려 하지 않는다는 것. 한번 형성된 첫인상은 일관성이 유지되는 경향이 있다.

첫인상은 제한된 정보를 통해 형성된 것임에도 사람들은 왜 바꾸려 하지 않는 것일까? 여기에는 우리의 편견이 작용한다. 호감 가는 사람이라고 생각했는데 그가 정말 괜찮은 행동을 하면 "그럴 줄 알았어. 내 눈이 역시 정확하다니까!"라고 자신의 첫인상을 강화한다. 첫인상을 형성하고 나면 자신의 판단이 옳다는 것을 증명하는 정보만을 받아들인다. 대신, 첫인상에 반하는 정보는 무시하거나 왜곡해 받아들이거나 쉽게 잊어버린다.

이를 '가설 검증 바이어스'라고 한다. 예컨대 'AAABBBAB'를 보자. A가 많아 보이는가, B가 많아 보이는가? 많은 사람이 'A'라고 답한다. A와 B의 개수가 같은데도, B가 있다는 사실은 무시하거나 쉽게 잊어버리는 것이다.

이는 혈액형 심리학이 잘 들어맞는 것처럼 보이는 이유이기도 하다.

'AB형은 개성이 뚜렷하다'고 생각하는 사람이라면 AB형을 만났을 때 뚜렷한 개성을 나타내는 특성만 기억한다. AB형의 평범한 특성들은 보아도 보이지 않는다.

뇌는 새로운 정보를 싫어한다. 새로운 정보가 들어오면 이미 짜인 체계를 뒤엎는 데 많은 에너지가 소모된다. 그래서 한번 형성된 체계를 일관적으로 유지하고 싶어 하고, 그 때문에 이런 현상이 나타난다.

처음부터 예의 바르고 성실해 보였던 직원이 실수를 하면 '그럴 수도 있지'라고 너그러이 생각하게 된다. 그러나 처음에 무례해 보였던 후배는 그 뒤로 정중한 행동을 해도 '언제 걸리나 보자' 하는 마음으로 지켜보게 된다. 물론 첫인상과 다르게 지속적으로 정중함을 나타낸다면 다시 평가되겠지만, 그러기에는 첫인상을 형성할 때보다 무려 200배의 노력이 필요하다.

초등학교 때 나는 공부를 잘하는 아이가 아니었다. 시험은 늘 벼락치기로 넘기기 일쑤였다. 그러니 내 이미지가 '공부를 잘하지 못하는 아이'였다는 게 이상할 일도 아니다. 그런데 나에게도 전 과목 만점을 받았던 기억이 있다. 초등학교 3학년 때 일이다. 담임 선생님이 출산휴가를 들어가시는 바람에 다른 남자 선생님이 임시 담임을 맡았다. 평소 좋아하던 선생님이었기에 나는 이번 기회에 선생님의 눈에 띄어 보겠다는 목표로 시험공부를 정말이지 '피터지게' 했다. 그 결과 내 인생 처음이자 마지막으로 전 과목 만점을 받았다. 그런데 불행히도 시험이 끝난 직후 담임 선생님이 복귀하셨고, 내 점수를 본 선생님은 나를 교무실로 불렀다. 그때 그 선생님의 눈빛을 아직도 잊을 수가 없다. 의심이 가득한 눈으로 누구 것을 커닝했느냐고 물으셨다. 억울했으나, 나는 아니라고만 하고 더는 말을 못 했다.

이것이 바로 첫인상의 효과다. 담임은 학기 초에 시험성적이 잘 나온 학생에 대해서는 공부 잘하는 아이라는 인상을 갖게 된다. 그런데 이후 그 아이가 시험을 못 보면, 공부를 안 해서가 아니라 무언가 사정이 있어서일 거라고 너그럽게 생각한다. 원인을 그 아이가 아닌 외적인 요인에서 찾는 것이다. 반면 나의 경우처럼, 공부 못하는 아이라는 첫인상을 갖고 있던 아이가 갑자기 시험을 잘 보면 의심한다. 그런 까닭에 첫인상이 인간관계, 사회생활에서 매우 중요한 시발점이 되는 것이다.

첫인상이 중요한 세 번째 이유로는 후광효과를 들 수 있다. 말 그대로 모습 뒤에서 빛이 나는 것이다. 심리학에서는 일부의 특성을 바탕으로 아무런 관계가 없는 다른 부분들에 대해 좋거나 나쁘게 평가하는 현상을 말한다. 특히 권력, 외모 등에 영향을 많이 받는다. '예쁘니 착할 거야', '서울대를 나왔으니 성실하고 모든 일을 잘할 거야'라는 생각이 대표적인 예다.

호감인 여학생이 장학금을 타면 사람들은 '기특한 학생'이라고 한다. 비호감인 여학생이 장학금을 타면 '독한 년'이라고 욕을 한다. 호감인 학생이 다른 사람을 도와주면 '얼굴처럼 마음도 예쁘다'고 하고, 비호감인 학생이 똑같은 행동을 하면 '꼴값한다'고 한다.

나는 그렇지 않을 거라고 생각하지만, 이런 일은 일상생활에서 비일비재하게 일어난다. 한 TV 프로그램에서 대학생들을 그룹별로 나눠 같은 인물의 직업을 다르게 소개하고, 그 인물의 키를 짐작해보게 했다. 한 그룹에는 평범한 대학원생으로, 다른 그룹에는 유명한 교수라고 소개했다. 그 결과 학생들은 교수의 키를 더 크게 보았다. 180센티미터 이상으로 보인다는 응답이 교수일 때는 13명, 대학원생일 때는 6명으로 나타나 2배 이상의 차이를 보였다. 교수라는 신분이 가진 후광효과라 할 수 있다.

당신이 권력자라면 권력에 따른 후광효과로 내 능력보다 높게 평가받고 있는 것은 아닌지 경계해야 한다. 또한 권력자의 상대방이라면, 권력자의 후광효과에 내 뇌가 착각하고 있지는 않은지 생각해봐야 한다. 《오즈의 마법사》에 등장하는 사자는 자신이 동물의 왕이라는 권력에서 나오는 후광효과가 실제 자신의 것이 아님을 깨달았다. 그래서 타인이 인정하는 용기보다는 자신이 받아들일 수 있는 용기를 꿈꾸었던 것이다.

당신의 첫사랑은 어떤 기억으로 남아 있는가? 처음 만났던 그 순간을 잊지 못하는 당신에게 첫사랑을 다시 만나는 일은 추천하고 싶지 않다. 처음의 강렬한 기억이 만들어낸 아름다운 추억을 그대로 간직하기를 원한다면 말이다.

인상을 만드는 법

영화 〈관상〉이 큰 인기를 끌었다. 이에 드라마 〈왕의 얼굴〉까지, 관상에 대한 사람들의 관심이 얼마나 큰지 보여준다. 관상 좀 볼 줄 안다는 친구에게 얼굴을 들이밀며 "난 어때? 돈 좀 벌겠어?"라고 물어본 적이 한 번씩은 있을 것이다.

사람은 관상대로 살게 될까? 관상이 사람의 운명을 결정한다면 살면서 나의 노력은 필요치 않은 걸까? 사람의 관상은 살면서 조금씩 변한다. 인생이 잘 풀리면 관상도 변할 수 있고, 그 반대도 마찬가지다. 고전적인 관상학에서는 타고난 것이 70퍼센트이며, 후천적 노력으로 30퍼센트 정도는 변할 수 있다고 한다. 이에 비해 현대 인상학에서는 타고난 것이 30퍼센트이고, 70퍼센트는 노력으로 바꿀 수 있다고 한다. 타고나는 비율이 얼마냐가 중요한 게 아니라 '바꿀 수 있다'는 게 중요하다 하겠다.

태어날 때 아기의 얼굴은 천사 같지만 살아온 방식에 따라 어떤 이는 부드럽게, 누군가는 험상궂게 변한다. 인상은 마음 씀씀이의 반영이다. 마음의 결에 따라 인상도 변한다. 인상은 노력에 따라 얼마든지 변화시킬 수 있다. '사는 대로 생기는' 것이다.

관상과 인상은 결국 다르지 않다. 타고난 것으로 인생이 결정되지 않는다는 의미다. 결국 인상은 인생을 어떻게 살아가느냐에 달려 있다. 그렇다면 좋은 인상은 무엇이 결정할까?

안경을 벗고 다이어트에 성공해 날씬하고 예뻐진 친구가 있다. 그 친구는 이렇게 얘기했다.

"세상 사람들이 이렇게 친절한 줄 몰랐어."

취업포털 잡코리아에서 직장인 2,400명을 대상으로 설문조사를 했다. '맨 처음 사람을 볼 때 어디를 먼저 보는가?'라는 질문에 '얼굴'이라는 응답이 63.7퍼센트, '눈'이 15.4퍼센트로 나타났다. 첫인상은 눈을 포함한 얼굴에서 결정된다는 것을 보여준다.

사람들에게 후광효과에 대해 설명하면서 아름다움은 곧 권력이라는 이야기를 하면 씁쓸하다는 반응이 돌아온다. 하지만 '나는 못생겼으니 틀렸어. 세상이 왜 이 모양인 거야?' 하는 생각에 분노하고 있으면 더욱 못나 보인다. "옛말에 사람 생긴 대로 논다더니…"라는 소리만 들을 뿐이다. 분노만 하지 말고 생각을 바꿔보자.

누군가 이렇게 묻는다면 당신은 어떤 대답을 하겠는가?

"잘생기고 너한테 잘 안 해주는 남자랑 살래? 얼굴 볼 때마다 깜짝깜짝 놀래키지만 너만 바라보면서 엄청나게 잘해주는 남자랑 살래?"

예컨대 개그맨 박준형과 정종철은 이렇게 이야기한 적이 있다.

"우리 같은 스타일은 어쩔 수 없어요. 이 얼굴 보고 도망 안 갈 여자가 어디 있겠어요. 대신 잘생긴 남자보다 열 배 더 잘해주는 거죠. 그럼 경쟁력이 되니까."

이 마음가짐이면 상대가 호감을 느끼도록 하기에 충분하지 않을까? 타고난 생김새는 조상 탓이지만 인상은 내 탓이다. 이들은 결국 미인 아내를 얻었다. 자신의 단점을 받아들여 장점으로 승화시키는 대단한 능력이다. 개그맨 중에는 이렇게 미인과 결혼한 사람이 많다. 여자는 유머 있는 남자를 좋아하고, 남자는 자기 말에 잘 웃어주는 여자를 좋아한다. 얼음장같이 차가운 조각미남보다 얼굴은 못생겼어도 따뜻한 말과 유머를 건넬 줄 아는 남자에게 여자는 끌린다.

결국 호감, 비호감을 결정하는 것은 단순히 타고난 생김새가 아니라 따뜻하게 배려하고 상대를 미소 짓게 하는 능력에 달려 있다는 뜻이다. 그렇다면 어떻게 해야 상대를 웃게 할 수 있을까?

사람은 서로의 감정을 모방한다. 눈앞에서 누군가 쾅당! 하고 넘어지면 내가 아픈 것도 아닌데 나도 모르게 얼굴이 찡그려진다. 나를 보는 상대가 미소를 지으면 나도 무의식적으로 미소를 짓게 된다. 이렇게 어떤 사람의 감정 상태가 다른 사람에게 전파되는 현상을 '정서적 전염'이라고 한다. 그래서 미소에는 미소가, 짜증에는 짜증이 돌아온다. 표정은 분위기를 형성하고, 그 분위기는 전염된다. 상대에게 어떤 분위기를 전염시키느냐에 따라 나의 호감도와 신뢰도가 결정된다. 상대방은 나를 비추는 거울이다. 상대를 웃게 하고 싶다면 방법은 하나, 내가 먼저 웃으면 된다.

인간은 감정의 동물이다. 기쁘고 슬프고 외롭고 우울하고 화나고 놀라고 당황스러운 감정들은 얼굴에 나타난다. 이것이 표정이다. 감정과 얼굴 근육은 연결되어 있고, 사람의 표정은 얼굴 근육이 만들어낸다. 자주 느끼는 감정에 따라 표정이 형성되고, 그에 따라 인상이 만들어진다. 인상을 보면 그 사람의 과거를 추측할 수 있다. 눈가 주름이 많은 사람을 보면 '많이 웃고 살았구나', 미간에 세로로 주름이 진 사람은 '그동안 힘든 일이 많았는지 찡그리고 살았구나' 하고 짐작할 수 있다. 결국 상대가 내 얼굴을 보고 내리는 나에 대한 평가는 그것이 진실이든 아니든 내 책임이다.

인상학에서 얼굴은 웃는 상과 우는 상으로 나뉜다. 가만히 있어도 웃는 듯한 얼굴과 어딘지 모르게 우울해 보이는 얼굴을 말한다. 웃는 상은 좋은 기운으로 주변에 좋은 사람들을 끌어들여, 결국 그들의 도움으로 발전하게 된다. 반면에 우는 상은 큰 재능이 있지 않으면 성공하기 어렵고, 남의 도움을 기대하기 어려우며 고독하게 된다고 한다.

웃는 상과 우는 상을 결정하는 것은 무엇일까?

우리 얼굴에는 입술 양쪽 끝에 '볼굴대'라는 부분이 있다. 입꼬리 근처 여덟 개의 근육이 합쳐진 곳으로, 미소를 짓는 데 도움을 주기 때문에 '스마일 머슬'이라고도 부른다. 누구나 가지고 있는 이 근육, 문제는 볼굴대의 위치다. 사람마다 볼굴대의 위치가 다르다. 무표정한 상태로 있을 때 볼굴대의 위치가 위에 있을수록 입꼬리가 올라가고, 아래에 있을수록 입꼬리도 내려가게 된다.

백인은 80퍼센트 이상이 볼굴대가 입꼬리 위쪽에 있고, 흑인은 입꼬리 위치와 비슷하다. 안타깝게도 58.4퍼센트 정도의 한국인은 볼굴대가 입꼬리보다 아래쪽에 있다. 이 때문에 한국인은 가만히 있으면 우울하거나 화난 것처럼 보인다. 최근 발표된 논문에 따르면 한국인 중 볼굴대가 위쪽에 있는 사람은 15.6퍼센트 정도에 그친다고 한다.

나의 볼굴대 위치가 궁금하다면 거울을 꺼내 보자. 미소를 지었을 때 기분 좋게 보이는지 전체적 느낌이 가장 중요하다. 미소를 지어도 입꼬리가 올라가지 못하고 아래로 처져 있는지, U자를 그리지 못하고 일자(一)가 되는지 체크해보자. 웃을 때 입꼬리를 내리면서 웃는 사람들도 있고, 입꼬리가 한쪽만 올라가는 사람도 있다. 이런 경우는 소위 '썩소'가 되어 좋지 못한 인상을 전달할 수 있다.

> 1987년도에 한국 사람이 미국에 갔다. 택시를 탔는데 기사 아저씨가 물었다.
>
> "From Japan?"
>
> 그때만 해도 한국을 아는 사람이 없었다.
>
> 88올림픽 이후인 1989년도에 한국인이 미국에 갔다. 택시 기사가 물었다.
>
> "From Korea?"
>
> 올림픽이 무섭긴 무섭구나 싶어 어떻게 아셨는지 물었다.
>
> "찡그리고 있어서요."

외국인이 보는 한국인의 표정은 딱딱하고 무섭다고 한다. 길거리를 지나가는 사람들의 표정을 떠올려보면 이렇게 말하는 게 무리는 아닌 듯하다. 알고 보면 따뜻한 정이 있는 사람들인데 일상의 표정은 그 정을 느낄 수 없게 한다. 우리의 팍팍한 삶을 생각해보면 우리 표정이 굳어 있는 게 이상한 일은 아니다. 20~30대부터 표정이 형성되기 시작하는데, 우리의 20~30대는 너무나 힘들다. 목표지향적인 사회

분위기 속에서 삶을 즐기지 못할 뿐 아니라 취업과 결혼, 미래 걱정에 얼굴을 펴지 못하고 산다. 그러다 40대 이후에는 그 표정이 더욱더 굳어진다. 게다가 웃으면 '헤프다', '실없다', '경망스럽다' 등의 소릴 듣기 십상이다. 그런 고정관념 때문에 우리는 더 웃지 못하고 산다.

면접에서 좋은 인상을 주기 위해 젊은이들은 성형외과에서 입꼬리 수술을 감행하기도 한다. 얼마나 절박했으면 수술까지 하나 싶기도 하지만 그다지 좋은 방법은 아니다. 자칫 부자연스럽게 보일 수 있기 때문에 신중해야 한다.

수술 대신 웃는 연습을 통해 입꼬리를 올리는 근육을 활성화할 수 있다. 입꼬리 근육은 수의근이다. 수의근은 맘대로근이라고 하며, 뜻대로 움직일 수 있는 근육을 말한다. 개와 사람을 비교하면 사람의 표정이 훨씬 풍부하다. 사람의 얼굴에는 수의근이 발달해 있기 때문이다. 표정은 감정에 따라 지어지기도 하고, 수의근을 이용하여 의식적으로 만들어지기도 한다. 얼굴 근육도 훈련을 통해 내 마음대로 만들 수 있다는 것이다. 미소는 스스로 하는 최고의 성형수술이다.

밝고 자연스러운 표정을 지으려면 평생 노력이 필요하다. 게다가 나이가 들수록 중력을 이기지 못하고 입꼬리는 점점 처진다. 그렇게 되면 아무리 입꼬리를 끌어올려도 올라가지 않고 한일(一) 자 모양이 된다. 그러면 웃어도 웃는 것 같지가 않다. 나는 웃는데 우울해 보인다는 것은 참 억울한 일이다. 나이 들어도 호감이 가는 인상을 갖기 위해 의식적으로 입꼬리를 올려보자.

입만 웃고 눈이 웃지 않으면 억지로 웃는 듯하다. 눈도 함께 웃어야 정말 환하게 웃는 인상이 된다. 눈을 감싸고 있는 눈둘레근은 입꼬리 근육과 달리 의지에 따라 조절할 수 없는 불수의근이다. 그래서 억지로 미소를 지으면 입꼬리 근육은 움직일 수 있지만, 눈 근육은 만들어낼 수 없다. 눈둘레근은 오직 자발적인 웃음에만 반응한다. 눈웃음이 진짜 웃음이다. 따라서 눈웃음을 많이 짓기 위해서는 마음으로부터 웃음이 우러나와야 한다. 자연스러운 눈웃음을 위해 평소 내 마음 상태를 점검해보자.

우리의 몸과 마음은 서로 긴밀히 연결되어 있다. 마음 상태에 따라 몸도 달라지게 되어 있다. 내가 긍정적이고 즐겁게 살면 자연스레 미소가 아름다워지고, 인상이 좋아진다. 하지만 좀더 전략적으로, 혹은 단기간 내에 자연스러운 미소를 만들고자 한다면 미소 근육을 훈련하는 방법도 있다.

먼저 눈웃음을 만들기 위한 훈련법이다. 눈둘레근은 불수의근으로 운동이 어렵다. 따라서 눈 주위의 근육을 풀어주는 운동을 다음과 같이 해보자.

1. 눈썹을 올렸다 내렸다 반복하기

2. 오른쪽, 왼쪽 번갈아가며 윙크하기

상대가 웃을 때 우리의 시선을 사로잡는 가장 중요한 부분이 입이다. 입웃음을 만들기 위해서는 다음과 같이 해보는 것이 도움된다.

웃음을 연습하기 전에 볼 근육부터 풀어준다. 볼에 바람을 넣어 풍선을 부는 것처럼 부풀리고 바람을 왼쪽, 오른쪽, 위아래로 움직여 본다.

1. 입을 벌리고 치아를 드러내고 웃어보자. 이때 윗니가 많이 보일수록 시원한 미소가 된다. 입을 옆으로 벌리는 게 아니라 위로 올린다는 생각으로 하면 더 좋다.

2. 입꼬리가 잘 올라가지 않는다면 집게손가락을 입꼬리 끝에 대고 위로 올리면서 연습해본다. 이대로 5초 유지한다.

매일 5분씩 투자해보자. 이렇게 연습해 입꼬리가 올라가는 데 최소 2주의 시간이 필요하다. 하루 이틀 해보고 포기하지 말고 꾸준하게 시도해보자. 버스나 전철에서 이동할 때, 거울을 볼 때 등 시간을 정해놓고 매일 연습하면 볼굴대가 점차 위쪽으로 올라가 어느새 호감 주는 인상으로 변해 있을 것이다.

그리고 어느 정도 자신감이 생기면 일상생활에서도 쉽게 연습할 수 있다. 길거리를 지나다가 우연히 눈이 마주친 사람에게 화들짝 놀라지 말고 미소를 지어주자. 물론 상대가 더 깜짝 놀라며 '저 사람이 왜 저러지? 정신이 나갔나?'라는 생각을 할 수도 있지만.

길거리에서 처음 마주친 사람들끼리 자연스럽게 서로 미소 지을 수 있는 사회가 되었으면 좋겠다. 그러기 위해 필요한 것은 바로 지금, 내가 먼저 시작하는 것이다.

처음 만나는 1~2초의 순간, 첫인상이 결정된다. 바로 그때 당신의 진실한 미소를 보여주어야 한다. 평소에 웃지 않는 사람이 상대를 설득하기 위해 갑자기 미소를 보인다면 자연스러운 미소가 나오지 않을 것이다. 평소 마음속에 미소가 있어야 한다. 지금 삶이 조금 힘들지라도 나와 상대를 위해 스스로 미소를 선택해보자. 사람은 행복해서 웃기도 하지만, 웃어서 행복해지기도 한다. 마음속 한마디면 충분하다. '스마~일.'

옷차림도 전략

알베르트 아인슈타인은 꾸밈없는 것을 매우 좋아했다. 그의 아내가 지인들과 저녁을 먹는 자리에 갈 때 깔끔하게 차려입는 게 어떠냐고 충고하자, "왜 그래야 하지? 편하게 입고 있어도 다들 나를 알아보던데" 하고 그냥 갔다. 그가 주관하는 거대한 국제회의에 정장을 입어달라고 주문을 받았을 때는 "왜 그래야 하지? 그러면 사람들이 날 알아보지 못할 텐데" 했다. 편안한 니트에 무릎 나온 바지를 즐겨 입고 양말은 절대 신지 않았다. 그는 사람들의 호평에서 벗어나야 비로소 자유로울 수 있다고 생각했다.

한 번은 벨기에 여왕이 아인슈타인을 초대했다. 여왕은 왕궁 악대를 공항에 보내 아인슈타인이 나오면 음악을 연주하여 환영하고 자동차로 모셔오게 했다. 그런데 미국에서 비행기가 도착하고, 손님이 다 내렸는데도 아인슈타인 박사는 나오지 않았다. 한편 허름한 옷에 휘파람을 불며 왕궁에 혼자 찾아온 아인슈타인이 궁 안으로 들어가려고 하자 문지기들이 거지라고 못 들어오게 했다. '내가 아인슈타인'이라고 해도 곧이듣지 않았다. 문지기들은 여왕에게 가서 거지 한 사람이 궁 앞에서 자기가 아인슈타인이라며 들어오려 한다고 말했다. 그때 공항에 나갔던 궁중악대가 빈손으로 돌아와 여왕에게 아인슈타인 박사는 오지 않았다고 아뢰었다. 그제야 여왕은 놀라서 궁 앞의 그분을 정중히 모시라고 분부했다.

"옷차림이 뭐가 중요해? 아무거나 입고 다니면 되지. 마음이 중요한 거 아냐?"라고 말하는 사람들이 있다. 안타깝게도 세상은 내 맘 같지 않다. 우리의 인상을 형성하는 데는 옷차림이 많은 영향을 끼친다. '옷이 날개'라고도 하고, '입은 거지는 얻어먹어도 벗은 거지는 못 얻어먹는다'는 말도 있다. 잘 입고 다녀야 그만큼 대접도 받는다는 뜻이다.

미국의 심리학자 레오나르도 빅맨이 재미있는 실험을 했다.

그는 공중전화 동전 반환구에 미리 동전을 놓아두었다. 실험 보조자들은 깔끔한 정장 차림과 허름한 작업복 차림의 그룹으로 나뉘었다. 이들은 전화부스 옆에서 기다리고 있다가 사람들이 통화를 끝내고 그 동전을 자기 주머니에 집어넣으면 그에게 다가가 질문했다.

"여기에 10센트를 깜빡 놓고 갔는데, 혹시 못 보셨습니까?"

실험 결과 정장 차림을 했을 때는 77퍼센트, 작업복 차림을 했을 때는 38퍼센트가 동전을 돌려주었다. 즉, 깔끔한 차림의 실험 보조자들이 동전을 돌려받은 경우가 2배나 더 많았다. 이렇게 복장에 따라 사람들이 나를 보는 눈이 달라진다.

통행량이 많은 길거리, 허름한 옷을 입은 남자가 갑자기 기침을 하면서 쓰러진다. 주변에 많은 사람이 지나가지만 그에게 주의를 기울이는 사람은 없다. 남자는 절박한 목소리로 "도와주세요"라고 계속해서 외치지만 사람들은 그저 자기 갈 길을 재촉한다. 결국 실험이 끝날 때까지 아무도 이 남자를 도와주지 않았다.

이번에는 깔끔한 옷차림의 남자가 같은 거리에서 기침을 하면서 쓰러진다. 지나가던 사람들이 너나없이 뛰어와 도와준다. "도와주세요"라는 말을 할 겨를도 없이 남자는 도움을 받게 된다. 유튜브에서 본 외국의 한 실험 영상이다.

20대 중반, 강사라는 직업을 선택하고 처음 강의를 시작했을 때 너무나 두려웠다. 남 앞에 나서서 이야기해본 적도 없고, 게다가 나이

지긋하신 분들 앞에서 강의를 하려니 떨리기만 했다. 그때 강의력을 키우는 것과 함께 노력했던 것이 하나 더 있다. 외모를 바꾸는 것이었다. 고등학교 졸업 이후 계속 길렀던 머리도 단발로 짧게 자르고, 신뢰감을 나타내는 투피스를 구입했다. 집에서 강의를 연습할 때에도 '츄리닝 바람'으로 하지 않았다. 무릎 나온 바지를 입고 방에서 데굴데굴 굴러다니다가도 연습할 때는 정식으로 했다. 헤어, 메이크업을 예쁘게 하고 정장을 입고 전신 거울 앞에 서서 변신한 내 모습을 보면서 연습했다. 강사다운 내 모습을 보면 나도 모르게 자신감과 함께 정말 잘할 수 있으리라는 확신이 생겼다. '강사 복장'만으로도 진짜 강사가 된 듯했다.

'되고자 하는 사람이 있다면 그 사람이 된 것처럼 행동하라'는 말도 있다. 옷차림은 마음가짐을 바꾼다. 그리고 마음가짐이 바뀌면 행동도 바뀐다. 옷차림은 나를 바꾸는 하나의 전략이다.

예전에 근무하던 사무실에 외모에 관심이 많은 여직원이 있었다. 그녀의 외모는 멀리서도 눈에 확 들어왔다. 치렁치렁한 긴 머리, 화려한 옷차림, 알록달록한 메이크업에 새빨간 손톱까지. 누구라도 무심히 지나칠 수 없을 만큼 강렬했다. 문제는 그녀가 고객 상담실에서 근무한다는 것이었다. 또 한 사람, 공교롭게도 그녀 옆자리의 직원은 매일 똑같은 옷을 입고 다녔다. 누가 봐도 유행이 한참 지난 청바지에,

심지어는 며칠 전 묻은 고춧가루 자국이 그대로 남아 있는 옷을 입고 다니기도 했다.

당신이 고객이라면 이런 직원에게 상담하고 싶을까? 상사라면 이런 직원들과 함께 일하고 싶을까? 함께 일하는 직원들조차도 이들의 옷차림에 대해 뒤에서 수군거렸지만 직접 눈앞에서 조언을 하지는 못했다.

누구도 "난 복장으로 사람을 판단해요"라고 이야기하지 않는다. 그러나 많은 이들이 실제로 겉모습을 먼저 보며, 심지어는 복장으로 상대의 성격과 능력까지 판단하곤 한다.

물론 극단적인 예일 뿐이지만 만나는 상대와 장소를 고려하지 않은 옷차림은 호감을 불러일으킬 수 없다. 상대를 설득하려면 옷차림에도 신경을 써야 한다.

모두가 성숙한 인간이 되어 겉모습 따위는 중요하지 않은 세상이었으면 좋겠다. 그러나 세상은 아직 그렇지 않다. 이제부터 나만이라도 겉모습이 아닌 상대의 내면을 보리라 결심해보자. 그리고 아직은 미성숙한 이들을 위해 나의 옷차림을 점검해보자.

빛 좋은 개살구

한 번은 모 회사에 직장 내 이미지 메이킹에 관한 강의를 하러 갔다. 강의가 끝나고 교육 담당자가 여직원 한 명을 소개해주었다. 그 직원은 평소 외모 가꾸기에 관심이 많아서 잘 꾸미고 다닌다며, 이미지 메이킹에 대해 더 자세히 알고 싶다고 했다. 사무실에 있던 다른 직원들에 비해 그녀의 외모는 빛이 났다. 머리부터 발끝까지 신경 쓰지 않은 곳이 없었다. 깔끔하고 세련된 옷차림과 미용실에서 갓 나온 듯한 정돈된 헤어스타일은 물론, 밝은 표정에 애교스러운 말투까지 장착한 그녀는 고객 접점에서 일했다. 방문하는 고객마다 그녀의 화사한 외모를 칭찬했고, 상사들 사이에서도 인기가 좋다고 했다. 게다가 똑똑하기까지 해서 회사에서 제공하는 포상은 그녀가 휩쓸었고, 그에 힘

입어 승진도 빨랐다. 그녀의 상사에게서 이러한 칭찬을 듣고 그녀와 대화를 몇 마디 나눈 후 헤어졌다.

그 후 몇 개월이 흘러 그녀의 소식을 듣게 되었는데, 회사 기밀을 누출한 죄로 퇴사하게 되었다는 것이다. 알고 보니 그녀는 회사의 기밀을 조금씩 빼돌려 경쟁 업체에 팔아 이익을 챙기고 있었다. 한두 번이 아니었다. 이 소식을 전해준 직원은 이렇게 말했다.

"정말 그런 사람인 줄 몰랐어요."

사람들은 빛나는 겉모습에 가려진 그녀의 진짜 모습을 상상도 못했다. 아무리 겉모습으로 가려도 진짜 모습은 언젠가는 드러나게 되어 있다. 특히 그녀의 반전은 사람들에게 심한 배반감을 안겨주었다. 보기엔 탐스럽지만 맛을 보면 뱉고 싶은 '빛 좋은 개살구'처럼.

이른바 '땅콩 리턴' 사태의 주인공인 대한항공 조현아 전 부사장의 눈빛이 한때 화제였다. 검찰 조사를 받으러 들어가는 그녀는 고개를 푹 숙인 채 "죄송합니다"라는 말 이외에는 하지 않았고, 눈물을 보이기까지 했다. 여기까지 봤을 때는 '그래도 반성하는구나' 싶었다. 그런데 기자의 카메라에 그녀의 치켜뜬 눈빛이 포착됐다. 그 사진을 보는 순간 '이건 사과하는 사람의 눈빛이 아니구나' 하는 생각이 들었다. SNS와 온라인에서는 그녀에 대한 비난이 더욱 거세졌다. 그녀는 검찰 조사를 받기 전에 언론에 노출할 표정과 행동에 대해 트레이닝을 받았을 것이다. 그러나 방심한 순간, 눈빛이 진실을 드러내고 말았다. 수없이 반복한 "죄송합니다"가 아니라 "억울합니다"로…

물론 그 장면이 의도와는 달리 우연히 찍혔고, 악의적으로 유포되었을 수 있다. 그리고 그녀의 진심은 알 수 없다. 그러나 나는 외양은 꾸밀 수 있어도 내면은 포장되지 않는다고 믿는다. 그리고 내면은 곧바로 눈빛으로 나타난다.

칼릴 지브란은 《예언자》에서 "아름다움은 얼굴에 있지 않다. 그것은 마음속의 빛이다"라고 말했다. 앞서 말했던 인상도 결국은 내면이 드러나는 것이다. 인격이 훌륭하지 않으면 인격을 담고 있는 얼굴이 좋은 상이 될 수 없다. 겉모습으로 짧은 순간 호감을 줄 수는 있지만, 사람은 함께하는 시간이 길어질수록 본연의 모습을 드러내게 된다. 자신의 얼굴에 책임져야 한다는 말은 단순히 겉모습만을 말하는 것이 아니다. 얼굴은 얼, 즉 나의 영혼이 드나드는 통로인 것이다. 영혼, 즉 인격의 성숙함이 뒤따르지 못하면 그야말로 빛 좋은 개살구에 머물고 만다.

빛깔도 좋고 맛도 좋아

같은 값이면 다홍치마라고 했다. 여기서 중요한 것은 '같은 값'이다. 개살구가 아니라 참살구일 때, 빛깔이 더 빛나는 것이다.

소크라테스의 생김새는 아름다움과는 거리가 멀었다고 한다. 큰 얼굴에 툭 튀어나온 눈, 뭉툭한 코와 두꺼운 입술, 거친 피부까지 추남의 조건을 완벽하게 갖추고 있었다. 플라톤의 《향연》에는 소크라테스의 애인이었던 알키비아데스의 사랑 고백이 나온다. 알키비아데스는 엄청난 미남으로 매우 인기 있는 정치인이었다. 그는 소크라테스에 대해, 못생기긴 했지만 외양의 문을 열고 들어가면 그 안에서 숭고한 아름다움을 지닌 소크라테스를 발견할 수 있었다고 고백한다. 그러나 자신은 그런 아름다움을 가질 수 없었다며 자신의 못남을 탄식한다. 그는 진실한 아름다움이 무엇인지 알고 있었기에 소크라테스의 못생긴 외모 뒤에 숨어 있던 내면의 아름다움을 볼 수 있었던 것이 아닐까.

건물을 지을 때는 기초 공사부터 한다. 땅을 파고 기본 골조를 세우는 데 공사 기간의 많은 부분이 소요된다. 매일 공사장 옆길을 지나다니면서 '여긴 언제까지 땅만 파고 있을 건가?'라고 생각했는데 어느 순간 건물이 완성된 것을 보면 놀랍기만 하다. 부실 공사가 되지 않기 위해서는 기초 공사가 중요하다. 튼튼한 골조에 외양까지 아름다우면 더할 나위 없이 좋은 집이 된다.

사람도 마찬가지다. 부실한 내면에 겉모습에만 신경 써도 안 되고, 내면만이 중요하고 겉모습은 중요치 않다고 생각해서도 안 된다. 단단한 내면이 아름다운 외면을 더욱 빛나게 한다.

쇼펜하우어는 행복에 세 가지 경로가 있다고 이야기한다. 첫째는 돈이나 재산, 옷 등을 가짐으로써 행복해지는 '소유하기'다. 둘째는 지위나 명예, 명성 등 다른 사람의 눈에 비친 자신의 모습으로 행복을 느끼는 '타인의 눈에 들기'다. 셋째는 '존재 방식'이다. 이는 건강, 성격, 사고방식, 품성, 도덕성, 교양 등 인간의 내면을 말한다.

이 세 가지 요소 중 가장 중요한 것은 무엇일까? 사람에 따라 차이는 있겠지만 쇼펜하우어는 '존재 방식'의 중요성을 주장한다. '소유하기'와 '타인의 눈에 들기'는 사람들과의 관계라는 외적 요소로 행복을 느끼기에 상대적이고 일시적이며 간접적이다. 인간의 욕망은 끝이 없어서 만족을 모르고 계속 갈증을 느끼게 한다. 소형차로도 행복했던 사람은 중형차를 원하게 되고, 중형차를 가지게 되면 더 큰 것을 원하게 된다. 게다가 욕구와 소유의 관계에 따라 사람들은 상대적인 양을 원하게 된다. 절대적인 재산은 똑같아도 어느 동네에 사느냐에 따라 행복과 불행이 갈린다. 같은 재산을 가지고도 내 주변에 나보다 100배나 많은 재산과 더 높은 지위를 가진 사람이 있다면 불행을 느끼게 되고, 우리 동네에서 내가 제일 잘산다면 행복하다고 생각하게 된다.

반면에 내면이 풍부한 사람은 타인의 평가와 상관없이 스스로 행복을 느낀다. 존재 방식은 행복과 불행에 가장 본질적으로 영향을 미친다. 돈은 있다가도 없고 없다가도 생기지만, 인격은 끊임없는 노력을 통해 만들어진다. 쇼펜하우어는 "행복은 자기 자신에게 있다"고 강조한다. 내가 스스로 행복을 느낄 수 있는 사람인지가 중요하다는 말이다. 도심에서도 봄이 오는 소리를 듣는 사람이 있는 반면, 계절의 변화를 전혀 느끼지 못하는 사람도 있다. 똑같은 상황에서 어떤 이는 행복하다고 느끼지만, 어떤 사람은 행복을 느끼지 못한다. 그것은 사람마다 가지는 존재 방식의 차이, 즉 내면의 힘이 다르기 때문이다.

쇼펜하우어는 내면이 풍부하지 못할 때 사람은 소유와 타인의 인정을 찾는다고 했다. 내면을 먼저 가꾸어야 근본적인 행복을 느낄 수 있고, 스스로 행복한 사람이 타인에게도 긍정적인 영향을 줄 수 있다. 개살구가 아닌 참살구의 삶이 그것이다. 그렇다면 자신을 단단하게 참살구로 만들려면 구체적으로 어떻게 해야 할까?

내면의 힘을 키우기 위해서는 가장 먼저 자신이 하는 일 또는 하기를 원하는 일에 온몸을 던지는 충실함이 필요하다. 완벽하게 몰입하는 것이다. 자기 일에 몰입하는 사람은 타인의 평가에 그다지 좌우되지 않는다. 내면의 기준으로 자신과의 싸움을 한다. 자기 일에 몰입하지 못하면 타인의 시선에 휘둘리게 된다. 내면의 기초 공사가 바로 이것에서 시작된다고 보면 된다. 자신에게 성실한 사람은 당연히 자신감이 생기고, 그 자신감을 바탕으로 긍정적인 태도를 갖게 된다.

"오즈는 무엇이든 할 수 있으니까 너를 위해 캔자스가 어디 있는지도
찾아줄 거야."
"그분은 강력하고 무서운 사람이야. 아무나 만날 수 없어."

오즈를 만나러 에메랄드 시로 가는 도로시와 친구들은 오즈에 관해 이런 소문을 듣게 된다. 마침내 오즈의 성에 도착한 그들은 오즈

를 만나게 된다. 그런데 그들이 만난 오즈는 한 가지 모습이 아니었다. 도로시가 만난 오즈는 커다란 머리였다. 허수아비가 만난 오즈는 세상에서 제일 아름다운 여인의 모습이었고, 양철 나무꾼 앞의 오즈는 아주 무서운 짐승의 모습이었다. 사자는 강한 불덩이로 변신한 오즈를 만났다. 오즈는 이들에게 사악한 서쪽 마녀를 죽이고 오면 원하는 것을 주겠다고 약속했다. 이들은 실망했지만 오즈의 겉모습을 보고 진짜 마법사라고 믿으며 서쪽 마녀를 찾으러 다시 여행을 떠난다. 그동안 오즈가 쌓아온 에토스가 힘을 발휘하는 순간이었다. 도로시와 친구들은 오즈가 당연히 그들이 원하는 것을 줄 수 있다고 믿었기에 서쪽 마녀를 찾아 죽이고 돌아온다.

그러나 마법사가 보여준 다양한 겉모습의 힘은 거기까지였다. 임무를 완수한 그들은 오즈에게 약속을 지키라고 요구하다가 오즈의 정체를 알게 된다. 오즈는 위대한 마법사가 아니라 머리가 벗겨지고 주름진 얼굴의 작고 늙은 사기꾼이었다! 그는 이렇게 말한다.

> "나는 오랫동안 사람들을 속여왔기 때문에 절대 발각되지 않을 줄 알았어. 왕실에 너희를 모두 들어오게 한 것은 정말 큰 실수야. 내가 무섭다는 걸 믿게 하려고 난 시종조차 만나지 않았거든."

그러나 진실을 언제까지고 숨길 수는 없었다. 정체가 탄로 난 오즈는 그제야 잘못을 뉘우치고 도로시와 친구들이 원하는 것을 갖게 해주려고 진심으로 노력한다. 그리하여 결국 그들은 자신이 원하는 것을 가졌다고 믿게 된다.

빛 좋은 개살구가 될 뻔했던 오즈는 마음을 다해 백성을 행복하게 해주고, 어려움에 처한 도로시 일행을 도우면서 사기꾼이 아닌 진짜 마법사로 거듭나게 된다. 맛도 좋으면서 빛깔도 좋은 살구처럼 말이다.

너나 잘하세요!

사람들이 싫어하는 대표적인 유형이 바로 위선적인 사람이다. 입에서 나오는 말과 몸으로 보이는 행동이 다른 사람을 보면 우리는 가증스럽다고 말하며, 그가 하는 말에 콧방귀를 뀌게 된다. 반대로 언행일치를 하는 사람에 대해서는 존경을 표하게 된다. 자신의 입에서 나오는 말과 몸으로 하는 행동이 같아야 한다. 에토스를 높여 설득력을 갖게 하는 데 가장 중요한 요소가 바로 언행일치다. 우리는 자기 자신을 설득하는 일보다는 다른 사람과의 관계 속에서 타인을 설득해야할 일이 더 많다. 나의 에토스를 평가하는 타인들에게 말과 행동의 일치만큼 중요한 것은 없다.

2014년 가장 안타까운 사건인 세월호 침몰 사고 당시 뉴스를 진행했던 손석희 앵커의 옷이 기억에 남는다. 그는 수색작업이 벌어지고 있는 진도 팽목항에서 5일 연속 같은 옷을 입고 바닷바람을 맞으며 직접 뉴스를 진행했다. 현장을 지키며 사건을 취재하느라 옷조차 신경 쓸 틈이 없어 보이는 그 모습에서 진정성을 느낄 수 있었다.

실종자의 아버지가 "사진 한 장 찍고 싶은데, 아들이 마음에 걸린다. 아들을 찾으면 함께 꼭 사진 찍자"고 부탁하자, 손석희는 "연락해서 꼭 한번 봅시다"고 답했다. 그리고 그 약속은 지켜졌다. 이후 그 가족을 초대해 함께 점심을 먹는 모습이 한 트위터 이용자를 통해 알려졌다.

과거 손석희의 시계 또한 시청자의 관심을 끌었다. 방송 시 착용한 시계는 2만 원대의 제품이었지만 명품처럼 빛이 났다. 역시 패션의 완성은 명품이 아니라 그 사람의 인격이다. 시계에서도 자신의 지위와 나이를 생각하지 않는 검소함이 드러났다. 고등학교 때부터 친구인 디자이너 장광효가 모 프로그램에서 손석희의 검소함에 대해 이야기한 적이 있다. 그가 아나운서로 입사한 후 자신이 디자인한 옷을 선물해주겠다고 했는데 거절당했다며, 아나운서로 30년을 재직하면서 거의 네 벌의 슈트로 1년 넘게 돌려 입는다는 소문을 들었다고 말했다.

손석희는 MBC 노조투쟁의 상징적 인물이다. 그래서 MBC에서 종

합편성채널인 JTBC로 이직할 때 비난의 목소리가 컸다. 그는 JTBC 보도부문 사장으로 취임할 당시 "우리 사회의 가장 큰 문제는 보수와 진보의 양 진영 간 골이 점점 깊어진다는 것이다. 언론이 그 틈을 메우는 역할을 해야 한다는 문제의식을 갖고 있었다"고 말하며 공정하고 균형 잡힌 언론을 만들겠다고 다짐했다. 사람들은 한 사람의 힘으로 종편 언론을 바꿀 수 있겠느냐고 우려했다. 그렇지만 상황은 달라졌다. 취임 후 1년도 안 되어 그가 진행하는 뉴스는 파격적인 인터뷰와 공정한 보도로 신뢰감이 간다는 평을 들으며 점차 인정받고 있다.

말과 행동이 일치한다는 점에서 우리는 그를 주저 없이 '실천하는 지성인', '공정하고 강직한 언론인'이라 부른다. 사람의 내면은 그가 하는 말과 행동을 통해 알 수 있다. 말만 뻔지르르하게 잘하는 사람은 금방 신뢰를 잃게 된다. 행동이 뒷받침되어야 말에 힘이 실린다. 자신이 한 말을 얼마나 완벽하게 지키는가는 중요치 않다. 말한 대로 행동하려고 노력한다는 점이 중요하다.

내 주변에는 강사들이 많이 있다. 개중엔 간혹 강의할 때 주장하는 바와 실제 행동이 다른 이들이 있다. 강의장에서는 "상대를 배려하는 아름다운 말을 사용합시다"라고 말해놓고는 운전대를 잡기만 하면 욕을 하기도 하고, "소비를 합리적으로 해야 하고 카드 사용을 줄여야 합니다"라고 강의하면서 본인은 카드로 쇼핑몰을 휘젓고 다니기도 한다.

강사도 사람이다 보니 자신이 한 말을 100퍼센트 지키지 못할 수도 있다. 그러나 적어도 지키고자 노력은 해야 한다고 생각한다. 나는 오늘 얼마만큼 에토스를 높이면서 타인을 설득하고 있는지 돌아볼 일이다. "너나 잘하세요!"라는 말을 듣게 된다면 설득은 물 건너간 것이다.

천상천하 유아독존

사자가 오즈의 마법사에게 갖게 해달라고 했던 용기는 단순히 비겁함의 반대를 의미하는 것은 아니다. 나는 그것이 자신에 대한 당당함이 아닌가 생각한다. 다른 동물들은 사자가 용감하다고 생각하고 있었으니 말이다.

옛날에 아버지와 아들, 그리고 당나귀 한 마리가 길을 가고 있었다.

당나귀를 그냥 몰고 가는 아버지와 아들을 보고 사람들은 쑥덕거린다.

"이왕이면 아들을 태우고 가지 왜 그냥 가는 걸까?"

그 말을 듣고 아버지가 아들을 당나귀에 태운다. 그러자 사람들이 비아낭거린다.

"젊은 녀석이 편하게 나귀를 타고 늙은 아버지는 걸어가게 하다니."

이번에는 아들을 걷게 하고, 아버지가 타고 가니까 사람들이 또 손가락질을 한다.

"어린 아들을 걷게 하다니, 못된 아버지로군."

하는 수 없이 아들과 아버지가 당나귀에 같이 올라타고 갔다. 사람들은 이제 이렇게 수군거린다.

"저런! 인정머리 없는 사람들 같으니. 당나귀가 불쌍하지도 않나?"

생각 끝에 아버지는 아들과 함께 당나귀를 걸머지고 간다.

우스꽝스럽지만, 이것이 우리의 모습일지도 모른다. 남들이 어떻게 볼까에 너무 집착한 나머지 자신의 인생에 대한 이유를 잃어버리는 경우가 많다. 지각 있는 아버지라면 사람들이 아들을 태우고 가라고 권유해도 "운동 삼아 걷는 것도 좋잖아" 하고 넘겨버렸을 것이다. 남들이 어떻게 말하든 자신만의 이유가 있다면 스스로 충분히 행복할 수 있다. 아들과 아버지처럼 타인의 평가, 시선에 신경 쓰다 보면 자신이 무엇을 하고 있는지 모르고 살아가게 된다. 삶의 주인이 아니게 된다. 자신에 대한 당당함으로, 타인의 평가나 시선에서 벗어나는 것이 바로 용기가 아닐까?

얼마 전 스티븐 호킹 박사의 삶에 관한 영화를 보았다. 무엇이든 할 수 있을 것 같은 나이 스물한 살. 그는 루게릭병에 걸려 1~2년밖에 살지 못한다는 선고를 받았다. 그런데 그는 일흔이 넘은 지금까지 기적과 같은 삶을 살고 있다. 전신 중 두 눈과 손가락 두 개밖에 움직이지 못하지만 말이다.

그는 스물세 살에 지팡이를 짚고 결혼식을 올렸다. 점차 병이 악화되어 2층 침실에 가려면 팔꿈치로 짚어가며 계단을 올라야 했다. 점점 몸이 굳어가 결국 휠체어를 타게 되고, 입으로만 의사 표현을 할 수 있게 되었다. 마흔네 살이 되자 호흡곤란으로 쓰러져 기관지절개술을 받았으며, 이 때문에 더는 말도 할 수 없게 되었다. 그러나 그는 절망하지 않고 계속 연구를 이어가고, 학위를 받고, 강연을 한다.

그는 '이 병은 근육은 굳어가도 통증은 없다. 백혈병에 걸린 사람은 고통스러워하지만 나는 그렇게 고통스럽진 않으니 얼마나 다행인가'라고 생각한다고 했다. "신체적 장애를 가진 사람은 심리적 장애를 가질 여유가 없다"는 말에서 그의 강인한 내면을 엿볼 수 있다.

그는 인터뷰에서 자신의 장애에 관련하여 이렇게 이야기한 적이 있다.

"사람들은 나에게 루게릭병에 걸린 것에 대해 어떻게 생각하느냐고 묻는다. 그런데 나는 사실 이 병에 대해 생각해본 적이 별로 없다. 가능한 한 일반인과 똑같이 생활하려고 하고, 실제로 병 때문에 하고 싶은 것을 하지 못한 적은 없다."

주변에서 불쌍해하고 걱정해도 그는 농담으로 그들을 안심시킨다. 그는 자신을 불쌍히 여기지 않는다. 오히려 확신과 여유가 있다. 그의 위대한 과학적 성과들은 뛰어난 천재성과 창조성 덕분이기도 하지만, 낙천적이고 여유 있는 성격도 한몫했을 것이다. 그가 만약 자신의 인생이 불행하다고 생각했다면 연구고 뭐고 세상이 모두 불만스러워 보였을 것이다. 그러나 주어진 자신의 인생에 만족할 수 있었기에 세상을 긍정적으로 바라볼 수 있었고, 세상 또한 그를 그렇게 바라봐 주었다. 세상은 내가 바라보는 대로 나를 본다.

또한 그는 자기 확신이 있기에 남들의 시선이 아닌 자신만의 기준으로 자신을 사랑할 수 있었을 것이다. 사람들은 스스로를 사랑하는 사람을 좋아한다. 남들이 나를 좋아해 주기를 바라기 전에 스스로 나를 사랑하는 것이 먼저다.

"주어진 시간 안에 책을 읽으면 한 권마다 칭찬스티커를 하나씩 줄게요."

책장에는 성인 수준의 책과 좀더 쉬운 학생 수준의 책이 반반씩 섞여 있다고 하자. 당신이라면 칭찬스티커를 많이 받기 위해 열심히 책을 읽을 것인가? 그렇다면 어떤 책을 고를 것인가?

이것은 초등학교 아이들을 대상으로 TV 프로그램에서 한 실험이다. 책장에 있던 300권의 책 중에는 아이들의 수준에 맞는 책 150권과 유치원 수준의 책 150권이 함께 있었다. 아이들은 100분 동안 각자 몇십 권의 책을 읽었지만 아이들이 읽은 총 192권의 책 중 초등학교 수준의 책은 22권뿐이었다. 그리고 칭찬스티커를 많이 받은 아이들은 즐거워할 거라고 생각했지만, 실험 종료 후 어떤 아이도 웃지 않았다. 보상을 받기 위해 책을 읽었기 때문에 책이 주는 즐거움을 느낄 수 없었던 것이다.

그런데 이 중 두 명의 아이는 칭찬스티커를 받기 위해 쉬운 책을 여러 권 선택하는 행동을 하지 않았다. 신중하게 자신이 좋아하는 책을 골랐다. 스티커 따위는 필요 없다고 생각하는 듯했다. 주변에서 아이들이 스티커를 받기 위해 분주히 뛰어다니는데도 자리에 앉아 진득하게 책을 읽었다. 이 아이들에게선 주변 사람들과 보상이라는 외적 동기에 흔들리지 않는 단단한 내면이 엿보였다.

캐롤 드웩 심리학과 교수는 이렇게 말한다.

"아이들이 배우는 것을 즐거워한다면 칭찬스티커는 필요하지 않아요."

내적 보상이 충분하다면 외적 보상은 필요치 않다는 이야기다.

당신에게 칭찬스티커는 무엇인가? 혹시 사회에서 만들어놓은 기준에 따라 사람들의 인정과 칭찬에 과도하게 집착하며 살고 있지는 않은가?

여기에서 자존감과 자존심의 차이를 알 수 있다.

자존감은 자기 스스로에 대한 존중감을 말한다. 자신은 사랑받을 만한 가치가 있는 소중한 존재이고 어떤 성과를 이루어낼 만한 유능한 사람이라고 믿는 마음이다. 자존감이 높은 사람은 '내가 지금 처한 상황이 이러할지라도 난 소중한 사람이야'라고 생각한다. 스스로를 있는 그대로 인정한다. 비교 기준이 자신에게 있기 때문에 남과 비교하지 않는다. 행동하기 위한 외부 자극을 필요로 하지 않는 것이다.

이들은 또한 타인의 시선을 신경 쓰지 않기 때문에 인간관계에서 깊이 상처받지 않는다. 자신을 낮추는 말을 들어도 방어하거나 변명하지 않는다. 자기보다 괜찮은 사람을 만나도 시기하거나 질투하지 않는다. 또한 이들은 자기에게 만족하기 때문에 타인에게 자신의 능력을 과시하거나 드러내려고 애쓰지 않는다. 앞서 소개한 실험에서 자신이 좋아하는 책만을 골라 끝까지 읽어낸 두 아이는 스스로의 동기에 의해 행동하는 아이로, 자존감이 높다고 할 수 있다. 스티븐 호킹 박사도 마찬가지다.

인간관계와 설득에서 자존감은 중요한 요소다. 왜냐고? 내가 나를 좋아하고 존중하는 만큼 상대도 나를 존중해주기 때문이다. 신뢰와 존중을 받는 사람이라면 에토스가 높은 설득자가 되기 때문이다. 아이러니하게도, 설득을 잘하려면 남에게가 아니라 나에게 집중해 자존감을 높여야 한다.

자존심은 '남에게 굽히지 아니하고 자신의 품위를 스스로 지키는 마음'이다. 자존감은 긍정적인 의미로 쓰이지만 자존심은 그렇지 않다. 흔히 듣는 말 중에 "자존심 빼면 시체야", "자존심 하나로 버텼어", "자존심 상해" 등이 있다. 또 자존심을 드러내는 말로 "나 ○○대 나온 여자야", "내가 누군 줄 알아?" 등이 있다. 이때 자존심은 이런 의미로 쓰인다. "나 잘난 사람이야!"

우리는 자존심을 건드려 상대에게 상처를 주거나 받기도 하고, 심하면 관계가 단절되기도 한다. 그러고는 "그놈의 자존심 때문에…"라고 후회한다.

대개 자존심이 강한 사람들은 자신만의 기준이 없이 시선이 타인을 향한다. 남들과 비교해 내가 잘나 보여야 자존심이 상하지 않는다고 생각한다. 자신보다 잘난 사람이 있으면 질투하고 시기하게 된다. 왜 상대와 비교하게 될까? 우리는 누구나 타인에 비해 못하다고 느껴지는 데 대한 두려움이 있다. 자신에 대한 믿음이 없기에 타인과의 비교를 통해서라도 자신이 더 낫다고 느끼고 싶은 것이다. 사람은 자존감이 약할 때 자존심이 강해진다. 빈 내면에 대한 두려움으로 상대를 공격하거나 방어하게 된다.

자존심이 강할 때 나타나는 현상이 있다. 사과하지 않는 것이다. 20대 시절 남자친구가 나에게 그런 말을 한 적이 있다.

"넌 자존심이 너무 세. 미안하다고 한마디만 하면 되는데 그걸 끝까지 안 해."

  생각해보면 정말 난 자존심이 상해서 사과를 못 했던 것 같다. 상대에게 얕잡아 보이기 싫어서 끝까지 자존심을 붙잡고 있었던 것이다. 그래서 사과 대신 남자친구를 공격하기만 했던 기억이 난다. 내가 만약 자존심 대신 자존감이 있는 사람이었더라면, 좋은 관계를 지속하기 위해 하기 싫어도 사과를 했을 것이다.

  자존감이 있는 사람은 스스로 만족하기 위해 일을 하지만 자존심만 있는 사람은 타인의 칭찬을 받기 위해 행동한다. 이들은 타인의 시선에 맞추어 스스로의 욕망을 조절하지 못하고 항상 더 많은 것을 원하게 된다. 한 살씩 나이를 더 먹을수록 자존심을 내려놓고 자존감을 가지는 훈련을 하자.

  자신을 사랑하고 긍정하는 사람에게서는 특유의 에너지가 느껴진다. 이런 이들은 항상 표정이 밝고 호기심이 많으며 잘될 거라는 믿음을 가지고 있다. 사람들은 이런 이들을 따르게 마련이다. 언제나 당당한 사람의 말에는 힘이 있다. 그래서 우리는 이런 이들을 신뢰하게 된다. 신뢰감을 얻으면 설득은 쉬워진다. 당당한 태도는 자존감이 뒷받침되어야 함을 잊지 말자.

  쇼펜하우어는 말했다. 인간의 본성이란 원래 약해서 타인의 견해를 중요하게 생각한다고. 그러나 내가 남의 눈에 어떻게 비칠까가 아니라 자기 자신의 가치를 정당하게 평가하는 것이 행복에 큰 도움이 된다고 이야기한다. 석가도 태어나면서 외쳤다고 하지 않던가. 천상천하유아독존이라고.

다른 사람을 끌어들이는 힘

다음 중 가장 싫은 사람은 누구인가?

ⓐ 예쁘고 자기가 예쁜 걸 너무 잘 아는 여자

ⓑ 예쁜데 자기가 예쁜 걸 모르는 여자

ⓒ 못생겼고 못생긴 걸 아는 여자

ⓓ 못생겼는데 예쁜 줄 아는 여자(못생긴 걸 모르는 여자)

많은 사람이 가장 싫은 사람으로 ⓓ를 고른다. 못생겼는데 예쁜 줄
아는 여자 말이다. 그럼 ⓐ처럼 예쁜 여자가 자기 자신도 예쁜 걸 너
무 잘 아는 경우는 어떤가? ⓓ보다는 낫지만 그것도 싫다. 이유를 물
어보면 "그런 애들 재수 없다"고 한다. 어찌 되었든 자기가 예쁘다고

생각한다는 사실을 남들에게 티 내는 게 싫다는 결론이다.

예전에 소개팅을 했는데 한 번은 꽤 잘생긴 남자가 나왔다. 내가 좋아하는 외모라 호감이 갔다. 그런데 대화를 하다 보니 점점 기분이 나빠졌다. 어찌나 잘생긴 티를 내던지. 그는 지금까지 몇 명의 여자를 만났는지, 주변에는 얼마나 많은 여자가 있는지에 대해 한없이 늘어놓았다. 그리고 자기는 남자의 외모만 따지는 여자는 싫고, 내면을 볼 줄 아는 여자가 좋다고 했다. 그쪽도 내가 마음에 안 들었겠지만 나도 그런 남자는 한 트럭을 줘도 싫었다. 내면을 볼 줄 아는 여자를 알아볼 수나 있으려나 싶었다.

예쁜 걸 잘 안다는 것은 무슨 뜻인가? 예쁜 외모로 자신감을 가지는 것은 좋은 일이다. 사람을 끄는 매력에는 외모가 중요한 역할을 하니까. 그런데 과도한 자신감으로 외모를 심하게 어필할 때 주변 사람들의 감정은 비호감으로 돌아서게 된다. 심지어는 예쁘고 잘생긴 외모를 이용하여 관계에서 우위에 서려고 하기도 한다. '나 이렇게 괜찮은 사람이야. 넌 그렇지 못하니 난 너보다 우월해'라는 생각을 하는 식이다.

외모 이야기를 하고 싶은 것은 아니다. 예쁘고 못생긴 것으로 이야기를 시작했지만 예쁜 얼굴을 내면이나 능력으로 바꾸어도 말이 된다. 괜찮은 능력을 갖추고 있고, 그것에 대해 확신을 가지고 당당한 정도가 딱 좋다. 그러나 이것이 과도하여 능력이 있다는 사실을 과장해서 드러내고 사람들에게 알리고 싶어 하면 문제가 된다.

가끔 만나는 친구들 가족 모임이 있다. 이 모임 구성원 중에 친구 남편 하나가 좀 밉상이다. 입만 열면 이런 말들이 줄줄 쏟아져 나온다.

"기업인 ○○○ 알지? 요즘 좀 잘나가지. 내가 걔랑 절친이잖아. 대학 때 그놈이랑 얼마나 술을 많이 마셨는지, 마신 술병을 줄줄이 세우면 만리장성 채울걸! 요즘도 내가 만나자고만 하면 달려 나오는 놈이야."

"요새 돈 좀 벌었어. 내가 아이템 보는 눈이 있나 봐. 이게 다들 망한다고 했던 거거든. 내가 손만 댔다 하면 죽어가던 사업이 살아난다니까."

"캠핑 하면 ○○(브랜드명)쯤은 써줘야 하는 거 아냐? 역시 써보니까 달라. 지난번에 눈 많이 왔잖아. 그때 우리 텐트는 얼마나 아늑하고 따뜻하던지. 그리고 요즘은 그런 거 안 쓰면 애들이 기죽어."

"가방은 천만 원짜리는 들어야지. 그 이하는 가방도 아니야."

이 말을 듣는 우리는 이렇게 생각한다. '하나도 안 궁금하거든요? 누가 물어봤냐고.' 내 가방은 고작 몇만 원짜리였고, 함께 있던 친구네 가족은 사업이 잘 풀리지 않아 고민 중이었다. 주변 친구들을 전혀 배려하지 않는 그의 말 몇 마디로 분위기는 급격히 냉각되고 만다. 대체로 이런 식이어서 모임이 끝나고 집으로 돌아가는 길은 항상 씁쓸하다.

성공하기 위해서는 자신감을 가지라고 한다. 동시에 자만심으로 빠지는 것을 경계하라고도 한다. 그렇다면 자신감과 자만심의 차이는 정확히 무엇일까?

자신감은 자신이 하고자 하는 것은 할 수 있다고 믿는 마음이다. 자신감이 있는 사람은 '나는 할 수 있어'라고 스스로 생각한다. 자신을 믿기 때문에 당당한 태도를 가질 수 있고, 적극적으로 행동하게 된다. 자만심은 자신이나 자신과 관련 있는 것을 스스로 자랑하며 뽐내는 마음이다. 즉, 남보다 우월하다는 것을 확인하고자 하는 마음이다. '나만 할 수 있어'라고 생각하기에 우쭐해지고 오만해진다.

아기들은 엄마와 애착이 안정적으로 형성되면 엄마가 옆에 있을 때 엄마를 믿고 주변을 탐색하는 행동을 한다. 엄마가 옆에 없어도 잠시 불안해하다가 금방 안정을 찾고 다시 탐색 활동을 이어간다. 그러나 안정적으로 애착이 형성되지 못하면 엄마가 옆에 없을 때는 탐색활동을 하지 않고 엄마만 찾는다. 자신감은 '엄마'의 존재와 같다. 엄마를 믿을 수 있으면 세상을 탐색하듯이, 내가 나를 믿을 수 있으면 어디에서도 당당할 수 있다. 그러나 엄마를 믿지 못하면 불안함에 엄마만 찾듯이, 나를 믿지 못한다면 자신감에 대한 집착을 보이고 그것이 자만심으로 발전한다.

자신감과 자만심의 차이는 타인과의 관계에서도 찾을 수 있다.

자신감이 있는 사람은 자기가 괜찮은 만큼 타인도 괜찮은 사람이라고 인정한다. win-win의 관계를 지향한다. 따라서 남을 깔보거나 얕잡아보지 않는다. 그러나 자만심은 자기는 괜찮고 타인은 자신보다 못하다고 생각할 때 생긴다. 기본적으로 win-lose의 태도를 가진다. 자만심이 있는 사람은 자기보다 못한 사람을 업신여긴다. 이런 이들은 제 잘난 맛에 살며 늘 남들을 이기려고 한다. 자신만이 우월하기에 다른 사람을 존중하지 않는다.

결국 자신감과 자만심은 남을 배려하고 존중하는 마음이 있느냐 없느냐의 차이다. 이 마음에서 타인을 대하는 태도가 나온다. 자신감은 남과 상관없이 스스로에게 당당한 마음이지만, 자만심은 자신에 대한 불신 때문에 남에게서 인정받음으로써 불안감을 채우려고 하는 마음이다. 남에게 인정받고 싶은 욕구가 크기 때문에 자만심이 생긴다. 그러나 안타깝게도 자만심으로는 인정을 얻을 수 없다. 자만심이 심해질수록 주변 사람을 밀어낼 뿐이다.

자신이 명품이라면 천만 원짜리 명품 가방을 들고 다니지 않아도 품격이 느껴진다. 자신감이 있는 사람은 가만히 있어도 존재감이 느껴진다. 의도적으로 자기를 높여 여기저기 이야기하고 다닐 필요가 없다. 진정한 자신감이란 살면서 어려운 일을 겪거나 크고 작은 실패를 딛고 잘 버텨낸 경험을 바탕으로, 앞으로도 잘 해나갈 수 있으리라는 스스로에 대한 믿음이다.

세상은 자신감을 가지라고 하고, 동시에 자만심을 없애라고 한다. 자신감을 가지면서도 겸손하라는 뜻이다. 자신감의 반대말은 겸손이 아니라 열등감이다. 자만심의 반대말이 겸손이다. 그래서 사람들은 자신을 모르면 못난 놈이 되고, 자신밖에 모르면 못된 놈이 된다고 말한다.

자신감과 겸손을 동시에 갖추기 위해서는 항상 주변 사람들을 돌아봐야 하고 조화롭게 사는 법을 배워야 한다. 능력과 경험이 많아지고 윗자리로 올라갈수록 자신을 낮출 수 있는 지혜가 필요하다. "빨리 가려면 혼자 가고 멀리 가려면 함께 가라"고 했다. 인생은 단거리 경주가 아니다. 멀리까지 함께 갈 수 있는 누군가를 원한다면 자만심이 아닌 존중과 배려로 조금 더 성숙한 내가 되어보자.

자기다움이 가장 아름답다

사자의 외모는 동물들에게 두려움을 주기에 충분했다. 그러나 사자에겐 내면의 두려움이 큰 문제였다. 사자는 용기를 얻고 싶었다. 외면과 내면의 불일치를 참을 수 없었던 것이다. 그래서 사자는 여러 가지 어려움을 뚫고 결국 오즈를 찾아갔다. 그러나 오즈는 진짜 마법사가 아니었다. 그는 마술로 사람의 눈을 속이는 사기꾼에 불과했다.

오즈가 사기꾼이라는 걸 안 사자는 오즈에게 물어본다.

"내 용기는 주실 건가요?"

사자가 걱정스럽게 물어보았다.

"너는 이미 많은 용기를 가지고 있어."

오즈가 대답했다.

"네게 필요한 것은 자신감이야. 위험에 처했을 때 두려움을 느끼지 않는 생물은 아무도 없어. 진정한 용기는 두려울 때 위험에 맞서는 거야. 너는 그런 용기를 이미 많이 가지고 있단다."

"그럴지도 모르죠. 하지만 난 전과 같을까 봐 두려워요."

사자가 말했다.

"좋아, 내가 내일 그런 종류의 용기를 줄게."

오즈가 대답했다.

(…)

"마셔."

"이게 뭔데요?"

사자가 물어보았다.

"네 안에 들어가면 이것은 용기가 될 것이다. 용기란 항상 내면에 있는 것이니까. 그래서 네가 마시기 전까지는 뭐라고 부를 수가 없구나. 그러니 얼른 마시도록 해라."

오즈가 대답했다.

사자는 더는 망설이지 않고 그릇이 빌 때까지 쭉 마셨다.

"이제 기분이 어떠니?"

오즈가 물었다.

"용기가 벅차올라요."

사자가 대답하고 즐거운 마음으로 친구들에게 가서 그의 소원이 이루어졌다고 말해주었다.

오즈가 사자에게 진짜 용기를 준 것은 아니었다. 다만 용기를 얻었다고 믿게 해주었을 뿐이다. 이를 믿은 사자는 마을로 돌아가 자신만의 용기를 내었고, 진정한 동물의 왕이 되었다. 사실, 사자는 모험의 과정에서 겁쟁이라고 믿을 수 없을 만큼 대단한 용기를 여러 차례 보여준다. 결국 사자가 얻게 된 용기는 외부에서 얻을 수 있는 것이 아님을 보여준다. 동물의 왕인 자신이 이미 갖고 있는 것을 스스로가 발현시킨 것이다.

"으리! 호로록! 왼손으로 비비고 오른손으로 비비고, 두 그릇이네~"

2014년 대세녀 개그우먼 이국주의 유행어다. 그녀가 처음부터 이처럼 인기가 있었던 건 아니었다. 2010년 한 케이블 방송 프로그램에서 비호감 여자 연예인 1위로 뽑히며 슬럼프를 겪기 시작했다. 심지어는 '트럭녀' 1위를 하기도 했다. 트럭녀란 100트럭을 줘도 갖기 싫은 여자를 말한다. 여자에게는 매우 가혹한 별명이다.

뚱뚱한 몸에 예쁘지 않은 얼굴로 방송 출연을 못 하던 시절도 있었다. 솔직히 호감이 가는 외모는 아니다. 그러나 그녀는 성형이나 체중

감량 등의 방법을 시도하지 않고 묵묵히 버텼다. 대신 이렇게 생각했다. '호감과 비호감을 결정하는 것은 결국 재미다. 내가 뚱뚱해도 재미있으면 호감이고 재미없으면 비호감이다.' 개그맨의 본질은 외모가 아닌 재미라는 것을 알고 있는 똑똑한 그녀다.

모 방송에서 인터뷰했던 내용이 기억난다.

"연습생 시절, 비호감으로 불렸을 때보다 20kg이 더 쪘다. 옛날에는 몸을 다 가리고 싶었다. 그런데 지금은 이런 나를 인정하고 즐기니 자신감이 생기더라."

또한 과거에는 개그맨 분장하는 것에 대해 '난 이런 모습 보여주기 싫어'라고 생각했지만, 그런 마음을 내려놓고 분장을 하고 출연했더니 관객의 호응이 나오기 시작했다고 한다. 그리고 이런 진정한 개그맨의 모습이 더 멋있어 보인다는 것을 깨달았다고 말했다. 이렇게 그녀는 단점을 있는 그대로 받아들일 줄 아는 용기로 자신만의 매력을 만들어냈다. 그리고 그 매력을 바탕으로 자신만의 개그 영역을 개척해나가고 있다.

인생의 주인공은 누구일까? 세상에서 가장 소중한 사람은 누구일까? 바로 나 자신이다. 나는 이국주가 인생의 주인공은 자신이라는 사실을 받아들이기 시작했다고 생각한다. 그녀의 개그 힘은 거기에서 나오는 것이다.

나는 복잡하게 생각하는 것을 딱 싫어한다. 그래서 살면서 철학에 관심을 가져본 적이 한 번도 없다. 왠지 철학이라면 어려운 단어를 골라 써가며 꼬이지 않은 인생도 복잡하게 꼬아간다고 느껴서다. 그런데 이런 내게 철학이라는 것에 관심을 갖게 해준 사람이 있다. 돌직구로 유명한 철학박사 강신주다.

우연히 라디오를 듣다가 청취자들의 고민에 명쾌한 답변과 독설을 던지는 그의 목소리를 접하고 왠지 모를 카타르시스가 느껴졌다. 잔인하게 극한까지 몰아붙여 결국은 자신을 돌아보게 하는 말투가 마음에 들었다. 그런데 이런 말투 때문에 안티도 꽤 많다. '힘든 세상과 부딪히며 살아가기도 벅찬데 독설까지 들어야 하나', '너무 직설적이다', '시각이 편협하다'는 의견이 많다. 하지만 그는 안티를 별로 개의치 않는 듯하다. 심지어 호불호가 갈리는 것을 즐기기까지 한다. 아마도 자기다움이 무엇인지 알고 있기에 자신의 중심을 잘 잡는 게 아닐까. 사람들은 그와 같이 '진짜 자기'로 살아가는 사람에게 박수를 보내고, 스스로도 닮고 싶어 한다.

그러나 우리가 살아가는 사회는 우리를 '진짜 자기'이게 하지 않는 분위기인 듯하다.

나는 세트장 안에서 살고 있는 스타였다. 태어날 때부터, 가정을 이루고 샐러리맨으로 살고 있는 현재까지 세상 모든 이들이 나를 보고 있다. 나는 24시간 라이브쇼의 주인공이다. 방송국의 프로듀서가 내가 사는 세상을 만들고, 주변 사람을 연기자로 채워 넣었다. 그러나 나만은 그 사실을 모르고 있었다.

당신이 주인공이라면 진실을 알았을 때 어떤 반응을 보일 것인가? 안락한 세트장 안에서 계속 배우로 살아갈 것인가?

'혹시 내 삶도 누군가에 의해 조종되는 것이 아닌가?'라는 생각이 들게 했던 영화 〈트루먼 쇼〉의 내용이다. 주인공 트루먼은 자기 뜻대로 살아온 것이 아니라 철저히 통제된 세트 안에서 살아진 것뿐이었다는 사실을 알고 분노한다.

세트장을 떠나려는 트루먼에게 프로듀서가 말한다.

"자넨 스타야. 이 세상엔 진실이 없지만 내가 만든 세상은 다르지. 이 세상은 거짓말과 속임수뿐이지만 내가 만든 세상에선 두려워할 게 없어. 난 누구보다 자넬 잘 알아. 두렵지? 그래서 떠날 수 없지."

이에 대한 트루먼의 대답은 이렇다.

"못 볼지 모르니 미리 인사하죠. 굿 애프터눈, 굿 이브닝, 굿 나잇."

인사를 남기고 트루먼은 바깥세상으로 나간다.

최근에 이 영화를 다시 보고 이런 생각이 들었다. 내가 살고 있는 세상도 천막만 없을 뿐이지 트루먼 쇼의 세트장 같은 것은 아닐까? 나는 세상의 눈으로 나를 보며 살아가고 있는 것은 아닐까? 나는 과연 트루먼처럼 용기를 내어 바깥세상으로 나갈 수 있을까?

프로듀서는 트루먼이 나가지 못하도록 온갖 방법을 쓴다. 그러나 트루먼은 자신의 의지로 삶을 선택하기로 했다. 그는 내면이 강한 사람이었다.

나답게 산다는 것

나는 대형 마트에 잘 가지 않는다. 합리적 소비에 관한 강의를 들은 이후부터다. 그전에는 일주일에 한 번, 마트에 갈 때마다 남들과 경쟁하듯 카트를 꽉꽉 채워 물건을 구입하곤 했다. 하지만 바빠서 먹지 못한 채소와 과일들은 일주일 만에 어김없이 음식물 쓰레기로 변한다. 나는 다시 마트로 가서 '안 먹고 안 쓸 것은 사지 말아야지'라고 생각하며 카트를 끌기 시작한다. 그러나 항상 나의 의지대로 되지 않는다. 마트에 있는 물건이 죄다 필요해 보인다. 계산대에 선 나는 또 꽉 찬 카트를 보며 '이번에는 다 먹을 거야' 다짐을 한다.

그런 소비 패턴이 도돌이표처럼 반복되던 어느 날 강의를 듣게 되었다. 그 강사는 냉장고에 달걀 한 개만 남게 되기 전에는 마트에 가지 않는다고 했다. 우리는 소비를 강요당하고 있다며, 꼭 필요해서 사는 것이 아니라 꼭 필요하다고 느껴지도록 강요당한다고 했다.

새로 상품이 나오면 뒤처지지 않기 위해 경험해보아야 하고, 그런 것들을 사기 위해서는 돈을 많이 벌어야 한다는 세상의 메시지에 나도 모르게 중독된 것이다. 쏟아지는 상품의 홍수 속에서 무엇을 선택해야 할지가 고민이었지, 이것이 나에게 진정 필요한 것인가를 고민해본 적은 거의 없다. 소비조차도 내 마음대로 하지 못했던 셈이다. 그래서 대형 마트는 발길을 끊고 집에서 가까운 작은 가게에서 필요한 것만 사는 쪽으로 습관을 바꿨다.

이런 이야기를 주변 사람들에게 하면 나를 이상하게 본다. 마트에 가면 쇼핑하기 편리하고 싸게 살 수 있는데 왜 비싸고 종류도 많지 않은 동네 가게에 가느냐는 것이다. 그때마다 나는 어떤 게 더 득이 되는지 직접 경험해보라고 말해주곤 한다. 마트에 가지 않으면 과소비를 덜 하게 되어 생활비가 줄어든다. 게다가 쓰레기도 줄어든다. 재미있는 점은 마트를 멀리하자 식구들의 살도 빠지기 시작했다는 것이다. 그리고 진짜 즐거운 점은 내가 소비를 스스로 결정한다는 것이다. 이는 곧 소비에서 내가 결정의 주체가 된다는 사실이다.

자크 라캉은 "인간은 타인의 욕망을 욕망한다"고 말했다. 우리는 자신이 진짜 원하는 것이 아니라 남들이 원하는 것을 원한다. 인간은 타인의 시선에서 벗어나지 못하기 때문이다. 그래서 갖고 싶은 것도 타인에 의해서 결정되고, 하고 싶은 것도 사회에 의해서 결정되어버린다.

정말 그런지 아닌지를 한번 생각해보자. 내가 '옷을 사고 싶다'라고 생각하는 것은 나의 욕망으로 보인다. 그러나 옷을 사고 싶다고 생각하게 된 이유가 있을 것이다. '유행에 뒤처지기 싫어서'라든가 '이 옷을 입으면 더 돋보일 듯해서'라는 답을 생각할 수 있다. '유행'이나 '돋보인다'는 말에는 타인의 시선을 의식한다는 의미가 담겨 있다. 결국 이 것은 나의 욕망이 아닌 것이다. 주변 사람들이 욕망하는 것을 욕망하게 된다. 이런 식으로 모르는 사이 타인의 욕망이 나의 욕망으로 둔갑한다. 그러나 제대로 살기 위해서는 나의 욕망을 찾아야 한다. 내가 원하는 대로 인생을 디자인해야 한다.

생각해보면 내가 이 생각을 가장 많이 한 시기가 중학교 1학년 때였다. 우리 부모님이 가장 힘들었을 때도 그때였을 것이다. 그전까지 '공부 열심히 하는 착한 딸'이었던 나는 중학교에 입학한 후 부모님의 세상과는 다른 다양한 세계가 있다는 것을 알게 되었다. 그리고 엄마에게 반항하기 시작했다. 지금 생각하면 낯 뜨겁지만 당시 내가 많이 했던 말이 "나는 엄마의 로봇이 아니에요. 난 내 맘대로 살 거야!"였다. 그렇게 사춘기를 겪고 '내 맘대로 사는 법'의 결론을 얻지도 못한 채

고등학생이 되었다. 그리고 그 질문을 성인이 된 지금 나에게 다시 던진다.

'과연 어떻게 사는 것이 나답게 사는 것인가?'

이런 질문을 던지며 트루먼처럼 내 인생을 진짜 내가 원하는 대로 끌고 나가는 사람이 있다.

니코스 카잔차키스의 소설 《그리스인 조르바》의 주인공 조르바가 그런 인물이다. 조르바는 카잔차키스가 만난 실존 인물이기도 하다. 그리스인 조르바는 화자로 등장하는 '나'가 조르바를 만나 지금까지의 삶과는 다른 관점을 통한 다양한 경험을 하는 이야기다. 머리와 이성으로 옳고 그름을 판단하며 상황을 이해하려고 하는 '나'와 달리 조르바는 몸으로 부딪치며 경험으로 세상을 알아가는 사람이다. 탄광 사업 때문에 크레타 섬에 간 '나'는 그런 조르바에게 점차 빠져들게 된다.

조르바는 탄광에서 일할 때는 누구보다 정력적으로 하고, 여자를 사랑할 때면 세상에 둘밖에 없는 것처럼 열정을 쏟아 붓는다. 매일 아침 바다와 나무를 볼 때마다 새롭게 감탄한다. 주체할 수 없이 기분이 좋아지거나 슬퍼지면 시간, 장소, 주변 사람에 상관없이 춤을 춘다. 자유로운 영혼의 상징인 그는 자기 영혼의 목소리에 귀 기울일 줄 알며 자신이 원하는 것이면 뭐든 행동으로 옮기는 사람이다. 그리고 그런 사람이 얼마나 매력적인지 알게 해주는 인물이다.

이상과 원리에 갇혀 있는 '나'에게 조르바는 이렇게 충고한다.

> "나는 아무도, 아무것도 믿지 않아요. 오직 조르바만 믿지. 조르바가 딴 것들보다 나아서가 아니오. 나을 거라고는 눈곱만큼도 없어요. 조르바 역시 딴 놈들과 마찬가지로 짐승이오! 그러나 내가 조르바를 믿는 건, 내가 아는 것 중에서 아직 내 마음대로 할 수 있는 게 조르바뿐이기 때문이오."

조르바는 '나'를 까마귀와 같다며 이렇게 말한다.

> "원래 까마귀는 까마귀답게 점잖고 당당하게 걸을 줄 알았어요. 그런데 어느 날 이 까마귀에게 비둘기처럼 거들먹거려 보겠다는 생각이 난 거지요. 그날로 이 가엾은 까마귀는 제 보법을 몽땅 까먹어버렸지 뭡니까. 뒤죽박죽이 된 거예요. 기껏해야 어기적거릴 수밖에는 없었으니까 말이오."

탄광 사업은 실패하고 조르바와 '나'는 영원한 이별을 하게 된다. '나'는 영영 만나지 못할 거란 생각에 나는 자유로우니 당신과 함께 가겠다고 말한다. 그러나 조르바는 말한다.

"당신은 자유롭지 않아요. 당신은 긴 줄 끝에 있어요. 당신은 오고 가
고, 그리고 그걸 자유라고 생각하겠지요. 그러나 당신은 그 줄을 잘
라버리지 못해요."

'나'가 "언젠가는 자를 거요"라고 답하며 오기를 부리자 그는 이렇게
답한다.

"두목, 어려워요. 아주 어렵습니다. 그러려면 바보가 되어야 합니다."

조르바는 우리에게 이렇게 당부한다. 세상 사람들의 시각에는 바보
로 보일지라도 세상이 원하는 바는 잊고 자유를 찾아야 한다고. 당신
이 할 일은 당신 자신이 되는 일, 당신답게 사는 일뿐이라고. 조르바
는 조르바답게, 나는 나답게!

그러나 나는 그렇지 못했다. 나는 대학을 선택할 때부터 내가 무엇
을 해야 행복할지 생각해보지 않았다. 진짜 나에 대해서는 고민하지
않았던 것이다. 그렇게 선택한 대학교 4년의 마지막 무렵, 앞길이 막
막했다. 성적에 맞춰 선택한 학과 공부였기에 진로를 찾기가 너무 어
려웠다. 그나마 학과 공부를 하면서 새로운 것을 알아가는 재미는 조
금 느껴서 이대로 공부를 열심히 해서 교수가 되어볼까 하는 마음이

생겼다.

친구와 함께 교수님을 찾아갔다.

"진로 상담을 하고 싶은데요, 교수님은 어떻게 교수님이 되셨나요?"

정말 멍청한 질문이었다. 교수님은 이렇게 대답하셨다.

"글쎄… 내가 교수가 되려는 마음으로 공부를 했던 게 아니라서 도움이 될지 모르겠네. 그냥 나는 너희 나이 때 이쪽 공부가 좋아서 했어. 정말 재미있더라고. 재미있어서 하다 보니까 어느 날 교수가 되어 있더라."

당시엔 '뭐 이런 교수님이 다 있어? 그걸 누가 몰라? 실질적으로 도움이 되는 이야기를 해주셔야지…'라고 생각했지만, 지금 생각하면 우문현답이었다. 한 분야에서 성공을 이룬 사람들의 이야기를 들어보면 뚜렷한 목표를 가지고 '꼭 나는 이것이 되겠어!'라고 생각했던 사람도 있겠지만, '좋아서 계속 하다 보니' 그렇게 되었다는 말도 자주 들린다.

다소 느끼하고 못난 얼굴, 배를 중심으로 한 D라인 몸매, 화려하지 않은 노래 실력, 누구나 출 수 있는 춤. 요즘 아이돌 가수라면 이 중 하나라도 해당하면 성공 가망성이 없어 보인다. 그러나 싸이는 이런 단점(?)을 가지고 월드스타가 되었다. 싸이의 성공 요인을 꼽으라면 '싸이답다'라는 것을 가장 먼저 생각할 수 있다. 싸이는 싸이이기 때문에 성공할 수 있었다. 그는 기획자가 원하는 것이 아니라 자신이 좋아하는 음악을 했기에 가장 싸이다울 수 있었다.

싸이의 〈청개구리〉라는 노래 가사를 보면 그의 마인드를 알 수 있다.

> 살면서 가장 많이 들었던 말 너 그러다 뭐 될래
> 살면서 가장 많이 하고픈 말 내가 알아서 할게
> 그래 나 청개구리
> 그 누가 제아무리 뭐라 해도 나는 나야

어찌 보면 싸이의 인기는 우연인 듯 보이나, 우연이 아니다.

나에게는 남동생이 한 명 있다. 이 아이는 어려서부터 자동차를 좋아했다. 어릴 적 우리 집에는 자가용이 없었다. 그래도 아파트 주차장에 세워져 있는 차 이름과 브랜드를 모두 알아맞혔다. 초등학생 때 영어를 배우지 않아서 알파벳도 모르는 아이가 에스페로, 프린스, 포텐샤 등 자동차 이름을 다 알았다. 나는 아무리 봐도 자동차 꽁무늬에 쓰인 이름을 보지 않으면 구분할 수 없는데, 어떻게 그걸 다 아는지 신기하기만 했다.

나는 첫째답게, 부모님이 시키는 대로 공부를 착실히 하는 학생이었다. 동생은 공부에는 별로 취미가 없어서 어른들에게는 개구쟁이, 말썽꾸러기로 통했다. "공부 좀 해라", "넌 커서 뭐가 될래?"라는 이야기를 많이 들었다. 우리는 고등학생이 되었고, 동생은 계속 자동차에 관심을 가지고 스크랩을 하고, 잡지를 보고, 자동차 얘기를 많이 했다. 자동차가 어떻게 만들어지고, 어떻게 굴러가는지 궁금해하고 책을 보기도 했다. 대학 학과를 정할 때도 자동차 학과를 고려했지만 여러 사정으로 비슷한 다른 학과를 가게 되었다. 부모님 마음에 흡족하지 않은 학교였다.

동생은 지금 자동차를 판매하는 딜러다. 처음에 일을 시작했을 때는 사기를 당할 뻔하기도 하고, 굴곡이 많았다. 일을 시작한 지 10년 정도 된 지금, 영업직이라 입·퇴사가 잦은 직종이지만 동생은 업계에서 나름대로 자리를 잡았다. 돈도 꽤 잘 번다. 몇천만 원에서 몇억씩 되는 자동차를 판매한다는 것이 스트레스도 많이 받고 쉽지 않은 일이지만, 동생은 즐겁고 행복하게 일하고 있다. 일을 할 때 살아 있다는 것을 느끼며, 죽을 때까지 자기가 하는 일을 놓고 싶지 않다고 이야기한다. 나는 동생이 일의 '포로'가 아닌 '프로'의 길을 가고 있다고 생각한다. 남들이 부러워하는 직장이 아니라 자기가 좋아하는 직업을 선택해 의미 있는 삶을 만들어가고 있는 동생이 나는 자랑스럽다.

《인간이 그리는 무늬》에서 최진석 교수는 자신을 자기 자신이게 하는 것은 '욕망'이라고 했다. 자신이 인생의 주인으로 살기 위해서는 '우리'의 테두리에서 벗어나 '나'로 살아가라고 한다.

그러기 위해서는 타인(우리)의 욕망과 나의 욕망을 구별할 수 있어야 한다.

나다운 것을 찾으려면 어떻게 해야 할까? 우선, 내가 좋아하는 것의 목록을 적어보자. 그리고 순위를 매겨본다. 이 목록은 적을 때마다 달라질 수 있다. 주기적으로 업데이트를 해야 한다. 내가 정말 좋아하는 것인지 정확히 알기 위해서는 한 가지가 더 필요하다. 실제로 해보는 것이다. 내가 좋아하는 것은 남의 눈치 보지 말고, 남의 기준에 맞는지 고민하지 말고, 그냥 실행할 수 있어야 한다. 조르바처럼 직접 해봐야 정확히 알 수 있다. 여기에는 용기가 필요하다. 모두가 "Yes"라고 할 때 "No"라고 할 수 있어야 한다. 남의 시선을 의식하지 않고 밀고나갈 수 있는 마음의 힘이 있어야 한다.

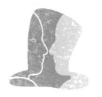

사자는
무서웠지만 용기를 냈다

그들이 외나무다리를 건너기 시작했을 때 날카로운 울음소리가 들려

서 모두 고개를 돌렸다. 몸은 곰 같고 머리는 호랑이 같은 두 마리의

거대한 짐승이 달려오는 모습을 보고 그들은 공포에 질렸다.

"칼리다다!"

겁쟁이 사자가 떨면서 말했다.

"빨리! 빨리 건너가."

허수아비가 외쳤다.

도로시가 먼저 토토를 팔에 안고 갔고 그다음에 양철 나무꾼이, 그다

음에 허수아비가 건너갔다. 사자는 아주 무서웠지만 칼리다를 마주

하고 서서 크고 무서운 울음소리를 냈다. 그 소리에 도로시는 놀라 비

명을 질렀고 허수아비는 털썩 주저앉았다. 무서운 짐승들도 놀라서 잠시 걸음을 멈추고 사자를 쳐다보았다.

겁쟁이 사자는 칼리다가 무서웠지만 친구들을 위해 용기를 냈다. 용기를 낸 사자는 더는 겁쟁이가 아니었다. 타인을 위해 두려움을 감수하고 기꺼이 용기를 낼 수 있다면 이것이 진정한 자신감이 아닐까?

설득에서 에토스는 3요소 중 가장 큰 영향력을 가지고 있다. 내가 어떤 사람인가에 따라 상대는 설득될 수도 있고 그렇지 않을 수도 있다. 따라서 논리력(로고스)이나 공감능력(파토스)보다 먼저 갖추어야 할 것이 에토스다.

첫 만남에서 호감을 얻지 못하면 다음 만남이 이어질 수 없다. 좋은 인상을 만들면 짧은 시간에 상대의 호감을 얻어낼 수 있다. 그러나 인상의 역할은 거기까지다. 결국 얼굴과 눈빛, 행동과 언어에 사람의 인격이 묻어난다. 아무리 강력한 처세술로도 내면을 숨길 수는 없다.

내면의 힘을 키우기 위해서는 자신을 믿고 사랑하는 자존감이 있어야 한다. 어떤 어려움이 있어도 자존감이 있는 사람은 견뎌낼 수 있다. 또한 상대도 나만큼이나 소중한 사람으로 여길 수 있어야 자만심에 빠지지 않고 건강한 자신감을 채울 수 있을 것이다.

스스로에 대한 확신과 인격이 자연스럽게 드러날 때 설득하고자 하는 상대를 끌어당길 수 있다. 만약 재산이라면 로또 당첨으로 하루아침에 불릴 수도 있지만, 인격은 그렇게 만들어지지 않는다. 에토스는 평생에 걸쳐 만들고 다듬어나가야 한다.

어떻게 살 것인가 고민하는 것만으로도 우리는 매우 아름다운 사람이 된다. 세상에 휩쓸리지 않고 스스로 기준을 만들어가는 삶에는 큰 가치가 있다. 나는 어떤 사람인가 질문을 던지는 사람은 이미 그 답을 알고 있다.

자신감은 이미 우리 내부에 있다. 우리에게 남은 것은 나의 내면을 들여다보는 일뿐이다. 나는 충분히 가치 있는 사람이다. 나의 욕망을 믿고 그것이 이끄는 방향으로 두려워하지 말고 가보자. 용기를 얻은 오즈의 사자처럼 말이다!

양철 나무꾼은 자신이 심장이 없다는 것을 알았기에

어느 것에나 절대로 잔인하거나 불친절하게 굴지 않도록

아주 신경 썼다.

"심장이 있는 사람들은

마음이 잘못된 일을 하지 않도록 지켜주겠지.

하지만 심장이 없는 나 같은 사람은 아주 주의해야 해.

오즈가 내게 심장을 주면

그땐 나도 이렇게 신경 쓰지 않아도 될 거야."

3장
. . . .

양철 나무꾼에게
심장을!

봄이 돼요

선생님이 교실의 아이들에게 물었다.

"얼음이 녹으면 뭐가 될까요?"

그러자 한 아이가 우렁찬 목소리로 대답한다.

"물이요."

그때 뒤에 앉아 있던 또 다른 아이가 이렇게 대답한다.

"봄이요."

얼음이 녹으면 물이 된다는 것은 지극히 당연한 사실이다. 주어진
질문에 대해 사실적인 답변이고, 사물의 형태 변화만을 언급하는 답
변이다. 이런 답변에 우리는 별로 감흥을 느끼지 못한다. 누구라도 내

놓을 수 있는 답이기 때문이다.

사람은 가장 변화를 원하는 존재이면서 가장 변화를 싫어하는 존재다. 불행이 다가오는 것보다 변화가 오는 것을 더 두려워하는 존재라고도 말한다. 참 아이러니하게도 변화를 원하지만, 그에 비례하여 변화를 모색하기가 힘든 존재라는 이야기다. 변화를 인지하기도 힘들다. 변화를 만들어내는 가장 중요한 열쇠는 관점을 바꾸는 것이다. 관점을 바꾼다는 것은 기존의 틀에서 벗어나 사물을 새롭게 본다는 것이다.

얼음이 녹으면 물이 된다는 답변은 과학적 현상이라는 관점에서 본 것이다. 이것에 모든 사람은 익숙해져 있고 당연하다고 여긴다. 이렇게 형성된 프레임은 바꾸기가 어렵다. 변화를 싫어하는 우리는 이 프레임으로 바라보고 그 틀 안에서 생각하게 된다.

얼음이 녹으면 봄이 된다는 답변은 이 틀을 깨버린 것이다. 새로운 관점이다. 사람들이 놀라고, 신기해하고 감탄사를 연발할 것이다. 감성을 자극하는 마법과 같은 표현이다.

우리가 살고 있는 지금을 흔히 감성의 시대라고 말한다. 감성은 이성과 대립되는 개념이다.

감성이라는 말이 화두가 되기 전까지만 해도, '사람은 이성적인 존재'라는 말이 우리의 문화와 생활양식에 두루 영향력을 미치고 있었다. 감성이 주목을 받기 시작한 건 얼마 되지 않았다. 갑자기 우리가 감성적인 존재가 되었다는 말은 아니다. 이성과 감성 모두 존재했으나 동시대 구성원 간에 중요하다고 느껴지는 것이 변했다는 얘기다. 사회가 복잡하고 다양해지면서 질서와 규범의 절대성이 해체되는 경험을 하게 되었다. 또한 인간 이성의 한계를 지적하는 여러 철학사조의 등장으로 이성이 중시되던 토대가 흔들리게 되었다.

이성은 대부분의 우리 인간 행동을 규제하는 역할을 한다. 반대로 감성은 감정에 충실하다. 어찌 보면 우리 인간 본연의 욕구에 귀 기울이게 할 수 있는 것이 감성이라 할 수 있다. 달리 말해 감성은 감정을 느끼게 해주는 대역대라 할 수 있다. 감정은 감성에 묶여 있는 것이고, 감성은 감정의 크기에 영향을 주는 것이다. 즉, 감성은 느낌을 받아들이는 능력이다.

우리가 욕망하는 것을 인지하고 그것을 행동으로 옮기려고 할 때, 이성은 제어하는 역할을 한다. 어찌 보면 본능에게는 감성이 절친이다. 학창 시절 다들 짝사랑 한두 번은 해보았을 것이다. 감성은 우리에게 사랑의 감정에 충실하라고 명령을 내린다. 자꾸 그 사람 앞에서 왔다 갔다 하고 싶고, 그가 있는 곳에 같이 있고 싶어 그 사람의 행동 반경을 꿰차게 된다. 하지만 한쪽에서는 이성이 이러한 행동을 하지 못하도록 제어한다. '널 어떤 여자로 보겠니?', '그 사람이 널 싫어하면 어떡할 거니?', '섣부른 행동은 하지 마!' 이렇게 말이다. 마음이 움직이려 하면 브레이크를 밟게 하는 것이 이성이다.

설득은 상대의 마음을 움직여 내가 원하는 방향으로 이끄는 것이다. 따라서 설득에서 가장 중요한 것은 마음을 움직이게 하는 것, 감성을 자극하는 것이다. 그러니 상대의 마음을 움직이는 감성 커뮤니케이션을 할 수 있어야 한다. 같은 내용이라도 그것을 어떤 방식으로 표현하느냐가 설득에서 중요한 요소다.

> 뉴욕에 앞을 못 보는 사람이 살고 있었다. 생계를 이어나가기 위해 이 장님은 구걸을 해야 했다. 그는 사람들에게 자신이 경제활동을 할 수 없는 장님이라는 사실을 알리기 위해 목에 표지판을 만들어 걸고 있었다. 그 표지판에는 이렇게 적혀 있었다.
> "저는 날 때부터 장님입니다."
> 하지만 그에게 눈길을 주는 사람은 별로 없었다. 그러던 어느 날 그 앞을 지나가던 한 남자가 표지판의 글귀를 바꾸어주었다. 그 후부터 사람들이 그 장님에게 많은 동전을 던져주는 것이 아닌가. 지나가던 남자가 써준 글귀는 바로 이러했다.
> "봄이 오고 있습니다. 그러나 저는 봄을 볼 수 없습니다."

표지판의 글귀는 같은 내용을 말하고 있다. 눈이 보이지 않는다는 사실이다. 그러나 후자는 사람들의 마음을 움직이게 하는 설득력을 발휘한다. 길을 가던 많은 사람의 마음을 열게 한 마법의 표현이다. 직설적인 사실 표현이 아니라 감성적인 표현, 감정을 자극하는 표현이다. 여기서 우리는 파토스를 자극하는 커뮤니케이션이 설득이라는 기적을 만들어내는 중요한 요소임을 확인할 수 있다.

나에게도 초보 시절이 있었지만, 지금은 운전을 한 지 10여 년이 넘어 아주 익숙해졌다. 초보 시절 나는 차 뒷유리창에 '초보운전'이라는 글귀를 붙이고 다녔다. 그때를 되돌아보면 그러지 말걸 괜히 붙였다는 생각이 들기도 한다. 초보라고 하면 잘 양보해주고 배려해줄 줄 알았으나, 전혀 그렇지 않았다.

물론 지금의 나도 초보운전이라는 딱지를 붙인 차가 내 앞으로 끼어들려고 하면, "초보가 어딜 겁도 없이 돌아다녀!"라면서 앞으로 바짝 차를 붙이곤 한다. 나와 같이 절대 양보할 수 없다고 철옹성 같은 맘을 갖고 있는 운전자들에게도 양보를 이끌어내는 차들이 있다. '초보운전'이라는 글귀가 아니라 센스 있고 유머러스한 글귀를 부착한 초보 운전자들이다. '저도 제가 무서워요', '직진만 1박 2일째', '저는 이미 틀렸어요. 먼저 가세요' 같은 재미있는 글귀를 보면, 뒤에 따라가는 운전자는 한번 웃게 되고 자연스럽게 양보를 해준다. 한 번은 '첫경험'이라는 글귀를 붙이고 있는 차가 있길래 '참 센스 있다'는 생각이

들어 양보는 물론, 운전자 얼굴이 궁금해지기까지 했다. 양보라는 걸 모르는 터프한 운전자들조차 마음이 녹아내리는 표현을 만나면 순한 양이 된다.

설득하고 싶다면 먼저 상대방 마음의 얼음을 녹여야 한다. 그러면 눈앞에 봄이 펼쳐질 것이다.

아프냐? 나도 아프다!

"아프냐? 나도 아프다!"

오래전 유명한 드라마에서 나온 대사다. 사랑하는 여인의 아픔을 같이 느끼는 남자의 마음을 이렇게 간결하고 절절하게 표현할 수 있을까 싶다. 이 대사의 장면을 보며 많은 사람은 공감의 힘이 얼마나 큰지 느끼게 된다. 특히 여자들은 여주인공에 자신을 이입시키면서 저런 말을 남편이 또는 남자친구가 해준다면, 내 모든 것을 그를 위해 희생하리라는 결연한 각오도 하게 된다. 상대가 나와 같이 느끼고 있음을 확인하는 순간 마음의 빗장을 열어젖히게 된다. 누군가의 마음을 움직이게 하는 방법 중 하나는 내가 당신 편이라는 것을 알려주는 것이다.

사람은 혼자서 살 수 없다. 사람들 속에서 자신의 존재를 확인해야만 한다. 톰 행크스 주연의 〈캐스트 어웨이〉라는 영화를 본 사람이 많을 것이다. 주인공은 무인도에서 혼자 지내는 시간이 오래되다 보니 외로움을 극복하기 위해 자신과 같이 떠내려온 배구공에 눈, 코, 입을 그려놓고 윌슨이라는 이름도 지어주고 대화를 나눈다. 아니, 대화라지만 사실 독백이다. 드라마에서도 이런 장면은 드물지 않다. 독신생활을 오래 한 남자가 자신의 내비게이션과 대화하는 모습도 종종 보게 된다. 같이할 사람이 없다면, 사물을 사람으로 대체하면서까지도 사람은 누군가와 함께하고 교류하기를 갈망하는 존재다.

교도소에 갇힌 사람들에게 가장 무서운 벌은 독방에 갇히는 것이다. 학교에서 직장에서 왕따를 당하게 되면 극도의 스트레스를 받게 된다. 직장생활을 하다 보면 점심을 혼자 먹게 되는 상황이 오기도 한다. 이런 상황이 반복되면 농담 비슷하게 "나 왕따인가 봐!"라고 웃어넘기지만 왠지 모를 쓸쓸함이 밀려온다. 직장에서 인간관계를 잘못 풀어가고 있는 건 아닌지 돌아보게 되기도 한다.

《혼자만 잘 살믄 무슨 재민겨》라는 책 제목도 있지 않은가. 사람들 사이에서 삶의 의미를 발견하고 사람들 속에서 부대끼며 살아가는 것이 삶이다. 삶에 대해 많은 정의가 있지만, 나는 이 정의를 가장 좋아한다. '삶이란 그 무엇(일)엔가에 그 누구(사람)엔가에 정성을 쏟는 일이다.' 그 누군가가 없다면 그 무엇엔가에 정성을 쏟는 것조차 공허해질 것이다. 사회적으로 성공했다 해도 그 성공을 같이할 그 누군가가 없다면 반쪽의 성공이 된다. 직장에서 능력을 인정받아 고속승진을 했는데, 그 승진의 기쁨을 같이 나눌 누군가가 없다면 얼마나 허무하겠는가?

커뮤니케이션을 주제로 하는 강의에서 나는 늘 엔딩을 신영복 씨의 '처음처럼'에서 발췌한 글로 장식한다.

> 사람은 삶의 준말입니다.
> '사람'의 분자와 분모를 약분하면 '삶'이 됩니다.
> 우리의 삶은 사람과의 관계로 이루어져 있습니다.
> 가장 아픈 상처도 사람이 남기고 가며,
> 가장 큰 기쁨도 사람으로부터 옵니다.

내 주변에 있는 누군가가 나와 같이 느끼고, 같은 편임을 보여준다면 우리는 그 사람을 위해 힘든 일도 기꺼이 감수하는 능력을 갖고 있다. 그런 과정에서 행복을 느끼는 것이 또 사람 아니겠는가? 상대를 내가 원하는 방향으로 이끌기 위해서는 가장 먼저 그 사람과 같은 생각을 하고 있음을 느끼게 해주어야 한다. 그것이 바로 공감이다. '아프냐? 나도 아프다!'처럼 말이다.

양철 나무꾼이 오즈의 마법사에게서 얻고자 했던 심장은 이루지 못한 사랑을 되찾는 데 필요한 것이다. 마음을 움직여 사랑을 쟁취하는 것, 역시 설득이다. 다른 사람의 마음을 움직이게 하는 것, 그것이 설득의 두 번째 요소인 파토스의 핵심이다. 설득하고자 한다면 자신에게 물어보아야 한다. 상대와 마음이, 감정이 서로 "통(通)하였느냐?"라고 말이다.

내가 제일 잘나가

얼마 전에 유명을 달리한 김자옥 씨가 부른 노래가 있다. 바로 〈공주는 외로워〉다. 이 노래는 다음과 같은 가사로 시작된다.

거울 속에 보이는 아름다운 내 모습, 나조차 눈을 뗄 수 없어

세상에 어떤 꽃들이 나보다 더 고울까? 난 정말 완벽한 여자예요

제대로 '공주병'에 걸린 여자를 묘사하고 있다. 이 노래는 '공주라서 외롭다'는 외침이다. 다른 사람들이 완벽한 자신을 질투해서 힘들고 외롭다는 심정을 토로하고 있다. 이 노래의 주인공이 걸린 공주병은 달리 표현하면 자기를 너무나 사랑하는 병이다. 이 병을 심리학에서

는 '나르시시즘'이라고 일컫는다.

그리스 신화에 등장하는 미소년인 '나르키소스'가 나르시시즘의 어원이다. 신화에서는 많은 님프가 나르키소스의 아름다움에 반해 사랑을 고백하지만, 나르키소스는 누구의 고백도 받아들이지 않는다. 나르키소스로부터 사랑을 거절당한 한 님프가 복수의 여신에게 기도한다. 사랑을 받아주지 않는 나르키소스가 사랑이 무엇인지 그리고 사랑을 거절당한다는 것이 무엇인지를 알게 해달라고 말이다. 불행히도 복수의 여신은 님프의 청을 승낙한다. 사냥을 하던 나르키소스는 갈증을 풀기 위해 샘을 찾아가는데, 물을 마시기 위해 몸을 굽힌 물속에서 아름다운 자신의 모습을 보고 물의 요정이라고 생각한다. 자신의 모습에 반해버린 나르키소스는 그곳을 떠날 수 없었고 먹는 것도, 자는 것도 잊은 채 샘에 머물면서 혼자서 가슴을 태우다가 죽는다. 나르키소스가 죽은 그 자리에 피어난 것이 바로 수선화다.

신화의 주인공처럼 자기를 사랑하는 것, 즉 자기애를 나르시시즘이라고 한다. 자기 자신을 아끼고 사랑하는 것은 매우 중요하다. 심리학에서는 인간 행동의 근간이 되는 것이 나르시시즘이라고 한다. 나르시시즘은 인간이라면 누구나 가지고 있는 감정이다. 내가 나를 사랑하고 소중히 여기는 만큼, 다른 사람도 나를 소중하게 생각해주기를 바라는 마음이라고 말한다.

에리히 프롬은 나르시시즘을 '생존본능을 상실한 인간에게 주어지는 제2의 본능'이라고 정의했다. 헤겔은 나르시시즘을 '인정받고 싶은 욕망'이라고 하면서 '인류 역사는 나르시시즘을 충족시켜달라는 인정의 투쟁'이라고 말했다. 그만큼 인간은 타인에게 사랑받고 인정받고 싶어 한다는 뜻이다.

우리 일상에서 나르시시즘이 드러나는 사례는 많다. 봄이 되면 많은 사람이 들로 산으로 여행을 간다. 여행에서 빠질 수 없는 것이 사진이다. 여행지에서 찍은 단체사진을 볼 때 당신은 누구를 먼저 찾는가? 바로 자기 자신일 것이다. 단체사진을 보면서 내 옆 동료의 얼굴을 찾는 사람은 없다. 단체사진에서 내가 만약 한가운데 앉아서 환하게 백만 불짜리 미소를 짓고 있는 사진이 나왔다면, 다른 사람들이 다 눈을 감고 찍었어도 그건 잘 나온 사진이다. 반대로 다른 사람들이 모두 백만 불짜리 미소를 짓고 잘 나왔는데 내가 눈을 감고 찍혔다면, 그건 못 나온 사진이다. 내가 못 나왔기 때문이다. 그래서 어느 작가는 단체사진을 "다른 사람을 배경으로 한 독사진"이라고 정의하기도 한다.

특히 유아기에는 나르시시즘이 더 잘 드러난다. 아무리 달래도 울음을 그치지 않는 어린아이를 한방에 뚝 그치게 하는 방법이 있다.

바로 본인이 나온 동영상을 보여주면 된다. 마치 나르키소스처럼 자신의 모습을 보느라 울음을 그치는, 놀라운 경험을 하게 될 것이다.

한 다큐멘터리 프로그램에서 남녀 집단을 대상으로 실험을 해보았다. 여러 장의 사진이 걸린 실험실에 한 명씩 들여보내놓고 남자들에게는 여성의 사진을 보여주고, 여성들에게는 남성의 사진을 보여주었다. 실험 내용은 사진 속에서 가장 마음에 드는 이상형을 찾는 것이었다. 이 실험에는 비밀이 숨어 있었다. 여러 장의 이성 사진 사이에는 본인의 얼굴을 성만 바꾸어 합성시킨 사진이 섞여 있었다. 남성은 여성처럼, 여성은 남성처럼 머리 모양과 옷차림을 바꾸어 합성한 것이다. 신기하게도 실험에 참가한 대부분의 사람이 이상형이라고 선택한 사진은 모두 자신의 얼굴을 성만 바꾸어 합성시킨 것이었다. 쉽게 말해 자기 얼굴을 이상형으로 고른 것이다. 우리는 이와 같이, 생각하는 것 이상으로 자기 자신을 너무나 사랑하는 존재라는 것을 보여주는 결과다.

인기그룹 2NE1의 히트곡 〈내가 제일 잘나가〉의 후렴구는 나르시시즘의 극치다.

내가 봐도 내가 좀 끝내주잖아, 네가 나라도 이 몸이 부럽잖아

(…)

뭘 쫌 아는 사람들은 다 알아서 알아봐

아무나 붙잡고 물어봐. 누가 제일 잘나가?

내가 제일 잘나가, 내가 제일 잘나가

우리는 모두 자신이 제일 잘나가기 원한다. 인정받고 성공하기 원한다. 세상의 중심이 나이기를 원한다. 한 사람도 예외 없이 우리는 모두 이런 인정의 욕구, 나르시시즘을 갖고 있다. 전 국민 스마트폰 시대, 트위터와 페이스북이 우리 삶을 지배하게 된 가장 큰 이유도 바로 이러한 나르시시즘 때문이다.

쇼핑은 즐거워

커뮤니케이션 강의를 하다 보면 남녀의 차이에 대한 이야기를 할 때가 있다. 이제는 정보들이 많아져서 대부분이 남녀의 차이를 잘 인식하고 있다. 그런데도 남녀 이야기를 하면 청중이 집중하는 것을 느낀다. 서로에게 그만큼 끌리고, 관심이 가는 존재이기 때문이리라.

남녀 차이에 대한 이야기를 할 때 빼놓지 않고 언급되는 것이 있다. 바로 쇼핑에 대한 남녀의 상반된 반응이다. 같은 돈을 주고 백화점에서 청바지를 사오라는 미션을 주면, 남자는 바로 청바지 매장으로 직진해서 바지 하나를 사 온다. 그러나 여자들은 백화점을 여기저기 돌면서 더 많은 돈을 쓰고 청바지 이외의 것들도 잔뜩 사 온다. 남자는 필요하면 비싸도 사지만, 여자들은 필요하지 않아도 싸면 바로 산다.

이것은 수백만 년 전 우리 조상들로부터 내려온 사회문화적인 유전자 때문이라고 한다. 사냥을 하던 남자들은 목표를 정하면 다른 것은 보지 않고 그것에 집중해서 올인해야 사냥에서 무언가를 얻을 수가 있다. 이런 성향은 쇼핑에서도 그대로 드러난다. 반면 여자들은 남자들이 사냥을 하러 간 사이, 열매 등을 채집하고 아이를 돌보고 여러 가지 일을 수행하던 습성이 쇼핑에서도 그대로 드러난다. 청바지를 사야 한다는 목표에 집중하기보다는 여기저기 둘러보고 필요하다 싶으면 구매를 하는 것이다. 마치 들판을 돌아다니며 채집을 하듯이 말이다. 각종 열매를 따다 보면 시간 가는 줄 모르듯, 쇼핑센터를 돌다 보면 시간 가는 줄 모르게 된다. 실제로 여자들은 쇼핑을 할 때 뇌에서 도파민이 분비된다고 한다. 도파민은 마약과 같은 효과를 낸다. 몇 시간을 걸어 다녀도 힘든 줄을 모르는 것이다.

한 남성 교육생에게 질문을 해보았다.

"아내와 함께 쇼핑을 가면 어떤 생각이 드시나요?"

그 남자분의 대답이 아직도 기억에 남는다.

"아내랑 백화점을 돌다 보면, 20년 전 제대한 군대에 다시 끌려온 듯한 기분이 들어요."

그런데 요즘에는 쇼핑을 즐기는 남성이 꽤 된다. 물론 여성스러운 남자들이 있기는 하겠지만, 남성이든 여성이든 쇼핑을 즐기는 이유를 우리가 살고 있는 사회 시스템에서도 찾을 수 있다. 물질, 즉 돈에 제일의 가치를 두는 자본주의 사회에서 살다 보니 우리의 사회문화적 유전자가 변해가는 것이다. 자본주의 사회에서는 돈이 있으면 할 수 있는 것들이 많아진다. 손에 만 원을 쥐고 있는 사람과 백만 원을 쥐고 있는 사람은 할 수 있는 것들에서 많은 차이가 난다. 만 원을 가진 사람은 기껏해야 라면을 먹고 나서 한강 둔치를 걸으며 데이트를 해야 한다. 백만 원을 가진 사람은 고급 레스토랑에서 저녁을 먹고, VIP석에 앉아 비싼 뮤지컬 공연을 볼 수 있다. 이것은 무엇을 의미하는가? 돈이 많으면 많을수록 대접을 받을 수 있다는 얘기다.

예전에 〈개그콘서트〉 프로그램의 방청석에 류현진 선수가 앉아 있는 장면이 나왔다. 대부분의 주변 사람들은 모두 프로그램에 집중하느라 류현진 선수에게 별 관심을 보이지 않는다. 그러다 프로그램 중간에 류현진 선수가 몇십억의 연봉을 받는다는 말에 모든 관중의 시선이 부러운 듯 류현진 선수에게 집중되는 장면이 보였다. 돈을 많이 갖고 있다는 것은, 이 사회에서는, 관심의 대상이고 부러움의 대상이 된다. 한마디로 잘나간다는 것이다. 많은 돈을 가진 자는 자신의 나르시시즘을 극대화해주는 경험을 할 수 있는 강력한 수단을 가진 것이다.

우리가 쇼핑을 즐기는 이유도 이런 맥락에서 찾을 수 있다. 돈을 가지고 물건을 구매하는 고객이 되면 그 순간만큼은 세상의 주인이 된 듯한 느낌을 받게 된다. 자본주의 사회에서 돈이 부여하는 권력이라고 할 수 있다. 하루 여덟 시간 넘게 일하는 직장이지만, 그곳에서 주인이라는 생각으로 임하는 사람은 드물다. 대부분의 직장인은 상사 눈치를 보며, 마음에서 우러나오지 않는 립서비스를 하면서 살아간다. 사적인 관계라면 일찌감치 안 봤겠지만, 직장을 계속 다녀야 하기에 어쩔 수 없이 관계를 지속해야 하는 경우도 많다. 그럴 때마다 먹고살기 위해서는 참아야 한다는 자기암시를 한다.

이렇듯 인생의 주인이 내가 아니고 나는 누군가에, 그 무엇인가에 끌려다니는 노예라는 생각을 하게 되는 순간들을 하루에도 몇 번씩 마주하게 된다. 내가 내 삶의 주인공이라는 생각보다는 다른 삶의 들러리로 사는 것이다. 그러다가 쇼핑을 할 때에야 비로소 내가 삶의 주인이 된 듯한 대접을 받게 된다.

지난 10여 년간, 서비스업계를 휩쓸고 간 고객만족이라는 키워드는 고객을 신의 자리로까지 격상시켜놓았다. 고객만족을 넘어서 고객졸도를 외칠 정도로 철저히 고객 위주의 서비스를 제공한다. 고객이 옷을 고르면, 그가 상품을 구매하는 순간으로 나아가도록 모든 판매자는 고객을 최고의 왕으로 모신다. 고객은 그 순간에 내가 왕이요, 최상의 존재로 인정받고 있다고 느낀다. 물론 그 순간 판매원과 종업원들이 보여주는 서비스는 진정으로 나를 인정하는 것이 아니라 돈 앞에서 나타나는 뻔한 테크닉임을 알고 있다. 그러면서도 우리는 그 순간을 즐기는 것이다. 특히 남성보다는 여성이 아직은 사회에서나 가정에서도 주체적인 존재가 아니라는 감정을 많이 느끼는 존재다. 그러다 보니 쇼핑 중독에 더 쉽게 빠져든다. 우리가 쇼핑을 좋아하는 이유도 바로 나르시시즘을 충족할 수 있는 순간의 유혹이 있기 때문이다.

우리는 여기서 설득의 포인트를 잡을 수 있다. 누구나 갖고 있는 이런 욕구를 충족시켜주면, 감정이 움직인다는 것이다. 우리 삶에 가장 강력한 영향력을 행사하는 것이 바로 감정이다. 감정이 동해야 행동하게 되니까 말이다. 감정을 움직이게 하려면, 상대의 나르시시즘을 충족시켜야 한다.

마음의 귀를 열어라

얼마 전 직장인을 대상으로 한 설문 결과를 다룬 기사를 보았다. 설문의 내용은 '당신이 직장에서 가장 많이 하는 처세술은 무엇인가?'라는 것이었다. 결과를 살펴보면 응답자의 41.5퍼센트가 '상대방의 재미없는 이야기를 꾹 참고 들어주는 것'이라고 답했다. 이 결과를 역으로 생각해보자. 내가 가장 많이 하는 처세술이라는 것은, 역으로 보면 다른 사람이 나에게 해주었으면 하는 것 아닐까? 그런 바람이 나에게 있기 때문에 내가 먼저 그것을 상대에게 주는 것이다. 정리하면, 사람들은 누구나 '내가 말할 때 상대가 내 이야기를 들어주기를 원한다'는 것이다.

직장에서 가장 좋은 상사는 어떤 상사일까? 일 잘하는 상사? 공정한 상사? 솔선수범하는 상사? 아니다. 가장 좋은 상사는 나를 좋아하는 상사다. 그 사람의 평판이 어찌 되었든 간에 그 상사가 나를 편애한다면 나에게는 그가 가장 좋은 상사. 그럼 상사가 나와 친밀한 관계, 한편이 되게 하려면 어떻게 해야 할까? 상사의 나르시시즘을 충족시켜주어야 한다. 그 첫 번째 방법을 바로 앞의 설문 결과가 알려주고 있다. 상대의 이야기를 들어주는 것이다.

우리가 살아가는 현대는 지식정보가 넘쳐나는 시대다. 교육받을 기회가 무궁무진하다. 강사인 내 입장에서 말하면, 강의를 할 수 있는 곳도 많다. 강의를 하다 보면 어떤 교육생들은 강사로 하여금 행복과 보람을 느끼게 하는가 하면, 어떤 교육생들은 강사를 좌절시키고 힘들게 하는 경우가 있다.

강사인 나도 사람인지라 이 세상에서 가장 소중한 존재도 나고, 가장 사랑하는 존재도 나라고 여긴다. 특히 강사라는 직업을 갖고 활동하는 사람들은 다른 사람들보다 인정의 욕구가 큰 편이라 할 수 있다. 그런 까닭에 사람들 앞에서 자기 이야기를 하는 것이다. 자신의 이야기를 잘 들어주는 교육생을 만나면, 나르시시즘이 충족되어 강사는 행복감을 느낀다. 마음이 움직인다. '이분들이 내 얘기를 잘 듣고 있구나'라는 생각이 들며 더 많은 것을 꺼내놓게 된다. 상대가 이야기를 잘 들어주면, 말하는 사람은 신이 나게 마련 아닌가.

그런데 반대로, 교육생이 이야기를 듣지 않는다고 느끼면 강사는 긴장하게 된다. 그 자리를 피하고 싶어진다. 준비한 것조차도 제대로 꺼내놓지 못하게 된다. 아무리 남 앞에 서서 말하는 것을 두려워하지 않는 강사라 하더라도 청중이 귀를 기울이지 않는 것에 대해서는 두려움을 느낀다. 물론 교육생이 자신의 강의를 잘 듣게 하는 것도 설득이므로 강사는 설득을 위한 준비를 철저히 해야 하지만 말이다.

우리 모두는 귀가 있기 때문에 다들 듣고 있다고 착각하기 쉽다. 하지만 듣기에도 단계가 있다. 흔한 듣기 유형으로 다음 세 가지를 꼽을 수 있다. 나는 어디에 속하는지를 생각해보자.

가장 낮은 단계는 안 듣는 것이다. 주변에 그런 사람이 있을 것이다. "내가 저 사람하고 이야기를 하느니 차라리 벽 보고 이야기하는 게 낫지"라는 말이 나오게 하는 사람이다. 그런 사람들 주변에는 사람이 모여들까? 모여들 수는 있을 것이다. 그가 권력을 갖고 있거나, 돈이 많거나 하다면 말이다. 권력의 힘과 돈의 힘에 의해 사람들이 꼬이게 된다. 하지만 불행히도 그리고 너무나 당연하게도, 그 사람에게서 돈이 사라지거나 권력이 사라지면 사람들도 곧바로 사라진다.

그다음 단계의 듣기는 듣는 척하는 것이다. 일상생활에서 우리는 이런 듣기를 많이 한다. 말하는 사람이 내가 싫어하는 사람일 경우, 그 사람 말을 듣는 척만 하고 귀담아듣지 않는다. 직장에서 대부분의 부하 직원은 말을 잘 하지 않는다. 반면 상사들은 부하 직원들에게 많은 이야기를 한다. 우리는 교육은 받지 않았어도 누군가 내 앞에서 이야기를 하면, 본능적으로 들어줘야 한다는 의무감이 생긴다. 들어 주긴 해야겠는데 듣고 싶은 이야기를 하지 않으니 한 귀로 듣고 한 귀로 흘리는 경우가 많다. 직장에서 부하 직원과 상사 간의 이런 듣기 단계를 뛰어넘지 못하면 인간적인 관계로 발전하기가 쉽지 않다.

그다음 단계의 듣기는 일반적으로 우리가 가장 많이 하는 듣기다. 즉, 말하는 사람의 이야기를 내 기준으로 듣는 것이다. 듣고 싶은 대로 듣고, 내 마음대로 상대의 의도를 재단하고 절단하고 디자인한다. 오해도 많이 생기고 갈등도 많이 일어나는 듣기 단계다.

할아버지가 TV를 보고 있었다. 우연히 영어회화 방송을 보게 된 할아버지에게 진행자가 따라 하라고 한다.

"따라 하세요, 굿모닝."

처음 듣는 말에 할아버지는 건넌방 손자에게 달려가 물어본다.

"얘야, 굿모닝이 무슨 뜻이니?"

손자가 답한다.

"아침에 하는 인사말이에요. 좋은 말이에요."

새로운 것을 알게 된 할아버지는 할머니에게 자랑이 하고 싶어진다.

"그래? 굿모닝이 아침 인사라 이거지, 내 오랜만에 할멈한테 잘난 척

좀 해볼까?"

할머니에게 달려간 할아버지가 큰 소리로 외친다.

"할멈! 굿모닝!"

이 말을 들은 할머니가 이내 대답한다.

"시래깃국이유!"

우리는 보통 상대방의 이야기를 들을 때 이야기 속의 할머니처럼 내가 듣고 싶은 대로 듣는다. 내 뇌의 시냅스가 어떻게 구성되어 있느냐에 따라, 나의 현재 관심사가 무엇이냐에 따라, 과거의 내 경험이 어떠했느냐에 따라, 내가 부모로부터 받은 유전형질에 따라 같은 이야기를 듣고도 다 다르게 듣는다. 인풋은 같아도 아웃풋이 다른 것이 우리네 모습이다.

국가적으로도 너무나 큰 아픔이었던 세월호 참사를 보면서 다시 한 번 느낀 것이 있다. 이 아픈 사건을 바라보는 시각이 이렇게도 다양할 수가 있구나 하는 것이다. 광화문 한편에서는 단식투쟁을 하는데, 맞은편에서는 폭식투쟁을 하다니…. 그 모습을 보고 많은 것을 생각하게 된다.

사람은 자기가 아는 만큼 세상을 바라보고, 내가 가진 만큼 세상을 바라본다. 자신이 처한 위치가 나를 만든다는 얘기다. 이렇게 다양한 사람들의 이야기를 들어야 한다는 게 어찌 쉬운 일이겠는가? 더욱이 누군가를 설득하기 위해 상대를 내 편으로 만드는 일이 어디 말처럼 쉬운 일이겠는가?

듣고 있음을 표현하라

　사람은 다른 사람에게는 별로 관심이 없다. 내 인생의 화두는 바로 '나' 자신이다. 다른 사람의 이야기보다는 내 이야기를 할 때 즐겁고 행복하다. 그러니 상대의 마음을 열게 하려면 상대가 자기 이야기를 충분히 할 수 있게 해주어야 한다. 그리고 그 말을 들어줘야 한다. 그냥 들어서는 안 된다. 온몸으로, 잘 들어주어야 한다.

　상대가 나에게 마음을 열어야 신뢰가 쌓일 수 있다. 이것이 에토스를 높이는 유일한 방법이다. 상대의 마음을 여는 데 필요한 것이 '듣기'다. 그렇다면 어떻게 들어야 할까? 그 사람과 같은 자리에 서서 들어야 한다. 같은 입장이 되어야 한다는 뜻이다.

엄마와 아빠라는 말밖에 하지 못하는 세 살배기 여자아이가 손에 컵을 들고 아빠에게 달려간다. "아빠, 아빠" 부르며 아빠에게 컵을 내민다. 아이의 컵을 본 아빠는 "더 달라구? 아직 우유가 남아 있잖아. 다 마시면 줄게"라고 답한다. 그러나 이 아이가 원하는 것은 그게 아니었다. 아이는 엄마에게 가서 컵을 내민다. 아이의 컵을 본 엄마는 "컵 바꿔달라고? 까탈스럽긴. 그냥 마셔!"라고 말한다. 엄마는 마침 설거지를 끝낸 참이었기에 순간 짜증이 난 것이다. 아이가 원한 건 이것도 아니었다. 엄마도 아빠도 자신이 원하는 것을 못 알아주자, 아이는 마지막 남은 가족인 오빠한테 간다. 오빠는 동생이 컵을 내미는 걸 보더니 자신이 가지고 놀던 장난감을 맞부딪치며 "건배!"라고 외쳐준다.

이런 동생과 오빠 사이가 나쁠 수 있을까? 그럴 수 없을 것이다. 아빠도 몰라주고, 엄마마저 몰라주는 마음을 오빠가 알아주었는데 어떻게 사이가 나쁠 수 있겠는가? 오빠가 어떤 부탁을 해도 기꺼이 들어주는 동생이 될 것이다.

이 이야기는 인터넷상에 돌아다니는 짧은 만화다. 강의 중에 '제대로 듣기'에 대해 설명하기 위해, 나는 이 만화를 교육생들에게 보여주곤 한다. 상대가 자기 이야기를 신이 나서 말하게 하고, 그럼으로써 마음을 활짝 열게 해주는 듣기는 바로 상대의 입장에서 듣는 거라고 강조하면서 말이다. 이렇게 듣는 것을 '공감적 경청'이라고 한다.

공감적 경청은 듣기 단계의 가장 높은 수준이다. 그만큼 어렵다. 공감적 경청은 상대방이 전달하고자 하는 말의 내용만 듣는 것이 아니다. 말하는 사람의 내면에 깔린 동기, 정서, 욕구까지 듣는 것이다. 듣는 것에서만 끝나는 것이 아니다. 잘 듣고 이해한 바를 상대방에게 '표현'하는 것까지가 공감적 경청에 포함된다. 에너지가 엄청나게 필요한 행위다. 이렇게 들어주면 상대의 심장은 '쿵' 하고 울리게 된다. 그래서 이것을 '심쿵 듣기'라고 표현하고 싶다.

내 감정을 누군가에게 말하는 것만으로도 괴로웠던 마음이 편안해질 때가 있다. 나에게 해결책을 제시해주지 않아도, 내가 말하는 것을 들어주는 것만으로도 고마울 때가 있다. 특히 힘든 일을 겪으면 절실히 느끼게 된다. 그냥 털어놓을 수만 있어도 마음이 누그러진다는 것을. 임금님의 이발을 해주고 임금님의 당나귀 귀를 보고 만 이발사처럼 말이다. 답답한 상황에서는 그냥 쏟아내고 싶은 것이다. "임금님 귀는 당나귀"라고.

상대가 듣는 것에서 끝내지 않고 더 나아가 내 이야기를 잘 들었다고 '표현'까지 해준다면 가슴이 찡해지면서 '심쿵'이 되기도 한다. 공감적 경청에는 들은 것을 상대에게 '표현'하는 것까지 포함된다는 것, 이 사실을 간과해서는 안 된다. 동생이 건배를 원한다는 것을 알아차린 오빠가 '응, 네가 원하는 게 건배구나' 하고 알아들었다고 하자. 그런데 짠 하고 컵을 부딪쳐주지 않으면 마음을 읽어주고 들어준 것이 무슨 의미가 있는가? 표현하는 것까지가 중요한 것이다.

　반대로, "나 말이야. 이런 일이 있었어"라고 열심히 이야기하는데 상대방이 시큰둥하고 별다른 반응을 보이지 않을 때도 있다. 그러면 얘기를 한 것 자체를 후회하게 되고, 상대에게 서운한 마음이 들기도 한다. 내 말을 들어줄 다른 사람을 찾아가고 싶어진다.

　강의를 하는 사람들은 교육생들이 잘 듣고 있다고 '표현해주는 것'이 얼마나 힘이 되는지 다들 잘 알고 있다. 교육생이 감탄사를 연발해준다거나, 고개를 끄덕여준다거나 하는 것은 잘 듣고 있다고 강사에게 표현해주는 것이다. 그러면 정말 신이 나서 강의를 잘 마치게 된다. 나는 내가 강의를 하기 전까지는 교육을 들을 때 그다지 잘 호응해주는 교육생이 아니었다. 그렇지만 이제는 다른 강사들의 강의를 들을 때 항상 대답도 크게 해주고, 잘 들어주려고 노력한다. 혼자 서서 강의를 한다는 것은, 특히 강의를 시작한 지 얼마 되지 않은 강사들에게 얼마나 큰 힘이 되는지를 경험했기 때문이다.

　상대를 설득해야만 하는 사람은 반드시 상대의 마음을 잘 들어주어야 한다. 그리고 한발 더 나아가 잘 듣고 있다고 계속 표현해주어야 한다. 그렇다면 어떻게 표현해야 할까?

강의를 한 지 10년이 다 되어간다. 나를 처음 보는 사람들은 내가 원래 말하는 것을 좋아하고 외향적인 줄 안다. 본래 나는 굉장히 조용한 사람이다. 남 앞에 서기를 엄청나게 무서워했다. 우연한 계기로 강의를 하고 싶다는 생각이 들었지만, 많이 망설였다. 내가 정말 잘할 수 있을까? 원래 외향적이고 강심장을 가진 사람들도 하기 힘들다는 강의를, 나처럼 숫기 없는 사람이 할 수 있을까? 고민도 많았지만, 일단 해보고 정말 내가 할 수 없는 거라고 판단이 들면 그때 그만두자는 마음으로 시작했다. 처음 강의를 시작할 때 강의를 먼저 한 선배들한테 엄청난 피드백을 듣고 울기도 많이 했다. 견뎌내야 한다고, 수없이 마음을 다잡아야 했다. 사회생활을 하면서 처음으로 해보고 싶다는 마음을 먹은 일이었기 때문이다. 그러던 것을, 지금은 즐기면서 하고 있다.

이렇게 나처럼 하고 싶은 일이 생기면 그 일에 필요한 것들을 개발하고 노력하게 된다. 하지만 학창 시절엔 내가 무엇을 하고 싶은지도 모르고 잘하는 것이 무엇인지도 몰랐다. 그저 부모님으로부터 받은 나의 유전형질에만 충실했었다. 들고 나는 게 크게 눈에 띄지 않는, 굉장히 소극적이고 조용한 학생이었다.

지금은 대부분의 학교가 남녀공학이지만 나는 중·고등학교 모두 여학교에 다녔다. 여고에 다녔던 사람들은 그런 기억이 있을 것이다.

여고에는 전교에서 인기 있는 여자아이들이 꼭 한두 명은 있다. 다름 아닌 남자 같은 여학생들이다. 보이시하면서, 운동도 잘하고, 키도 크고, 중성적인 느낌의 여학생 말이다. 우리 학년에도 그런 아이가 한 명 있었다. 여자들은 보통 관계지향적이기 때문에 좋아하는 사람이 생기면 굉장히 적극적으로 표현한다. 그래서인지 전교에서 인기 있던 그 아이 책상에는 아침마다 선물이 잔뜩 쌓여 있곤 했다. 편지, 초콜릿, 꽃다발, 종이학 등 좋아하는 마음을 표현하는 전교생들의 선물이다. 물론 나도 그 아이를 좋아했다. 하지만 난 그 아이를 속으로만 좋아했지 한 번도 표현해본 적은 없었다. 소심하고 내성적이었으니까.

그러다가 2학년에 올라가서 그 아이랑 한 반이 되었고, 우연히도 짝꿍이 되었다. 나는 너무나 좋았다. 표현도 못 하고 속으로만 좋아하던 아이랑 짝이 되었으니 오죽했으랴. 더구나 선생님께서 고 2부터는 본격적으로 공부를 해야 하니까 짝꿍을 자주 바꾸지 않겠다고 하셔서, 그 아이랑 6개월 동안 짝꿍을 하게 되었다.

6개월 후에 나의 모습은 예전의 소심하고 조용하던 내가 아니었다. 그 얌전하던 내가 다리도 좀 떨어주고, 껌도 같이 씹고, 껄렁껄렁한 행동을 하고 있었다. 내가 그 아이를 좋아했기 때문에 나의 행동이나 말투가 그 아이랑 비슷하게 변해간 것이다. 사람은 누군가에게 호감을 가지고 좋아하면, 그 사람을 따라 하게 되어 있다.

서울 남자와 부산 여자가 결혼해서 살면 둘이 사이가 좋을 때는 남자는 이상한 부산 말씨를 쓰고, 여자는 이상한 서울 말씨를 쓴다. 둘이 싸우고 사이가 좋지 않을 때는 언제 그랬느냐는 듯이 서로 각자의 말로 돌아간다. 오랜 세월 사이좋게 지낸 잉꼬부부는 나이가 들면 얼굴마저도 서로 닮는다고 하지 않는가! 여기서 포인트를 찾아내는 것이다. 상대에게 내가 당신에게 호감을 갖고 있고, 당신 이야기를 잘 듣고 있다고 표현하는 포인트를 말이다. 그것은 바로 따라 하는 것이다.

동조하라,
그의 모든 것을

바로 앞에서 내가 당신에게 호감을 갖고 있고, 당신 이야기를 잘 듣고 있다고 표현하는 포인트가 따라 하기라고 얘기했다. 그렇다면 무엇을 따라 해야 할까? 크게 세 가지인데, 'BMW'를 기억하면 쉽다.

첫 번째는 'B', Body language를 따라 하는 것이다. 상대가 말을 할 때 몸을 내 쪽으로 숙이면서 이야기한다면, 나도 그의 몸짓을 그대로 따라 해주면 된다. 상대가 몸을 나에게 가까이하는데, 듣고 있는 내가 몸을 뒤로 확 젖힌다면, 말하는 사람은 속으로 이렇게 생각할 것이다. '이 사람 지금 나랑 대화하기 싫은가 보구나.' 상대의 이야기를 듣고는 있지만, 나의 몸짓은 '난 당신 이야기 듣고 싶지 않아'라는 메시지를 보내는 셈이다.

우리는 흔히 대화할 때 메시지를 전달하는 수단이 언어라고 생각한다. 이것은 아주 큰 착각이다. 상대에게 메시지를 전달하는 요소는 시각적 요소, 청각적 요소 그리고 언어로 이루어져 있다. 이 중에 시각적 요소가 55퍼센트로 가장 큰 비중을 차지한다. 청각적 요소가 38퍼센트로 그다음 비중이고, 언어는 7퍼센트밖에 역할을 하지 않는다.

다른 강사의 강의를 듣고 며칠이 지나면, 특별히 기억하려고 애쓰지 않는 한 강의 내용이나 강사가 사용한 언어는 머릿속에 거의 남지 않는다. 하지만 강사의 옷차림, 이미지는 굉장히 오래 기억된다. 시각적인 부분이 상대에게 더 많은 메시지를 남기고 임팩트도 강하기 때문이다.

사내 강의를 하던 시절, 같은 지사를 1년에 두 번 가게 되는 경우가 있었다. 강의를 하러 가면 늘 그 지사의 가장 높으신 분들과 먼저 인사를 나누게 된다. 석 달 만에 같은 지사를 방문하게 되었고 늘 그랬듯이 지사장님과 인사하고 담소를 나누었다. 그러던 중, 그날 내가 하고 간 목걸이를 보더니 그분이 이렇게 말씀하셨다.

"지난번과 같은 목걸이를 하고 계시네요."

그래서 내가 웃으면서 되물었다

"지사장님 눈썰미가 대단하시네요. 그런데 제가 지난번에 강의한 주제는 혹시 기억나세요?"

그 말 끝에 둘이 한참을 웃었다. 이처럼 우리는 언어보다는 보이는 것을 통해 더 많은 것을 생각하고 느끼는 존재다. 시각적인 요소가 제일 중요하다.

상대가 이야기를 할 때 그에게 "난 지금 당신 이야기를 잘 듣고 있고요, 당신이 하는 말에 굉장히 호감을 갖고 있어요"라고 전달하는 것은 언어가 아니다. 상대가 볼 수 있는 시각적 요소를 통해 더 강하게 어필할 수 있다. 그 방법은 상대의 몸짓을 따라 하는 것이다. 즉, 상대의 행동에 동조하는 것이다. 상대의 행동을 동조해주어야 상대는 당신이 자신의 말을 잘 듣고 있다는 메시지를 전달받을 것이고, 자신의 이야기를 들어주는 당신에게 마음을 열기 시작할 것이다. 나르시시즘이 작용하기 때문이다. 말보다는 행동이 중요하다는 것이 듣기에서도 적용된다.

두 번째는 'M', 상대의 Mood를 따라 하는 것이다. 이는 분위기, 즉 상대의 감정 상태를 따라 하는 것을 말한다. 내가 굉장히 힘들고 고통스러웠던 이야기를 하는데, 마주 앉아 있는 당신이 얼굴에 아무런 표정 없이 무덤덤하게 듣는다고 생각해보라. 말할 맛이 나겠는가? '이 사람 지금 내 이야기 듣고 있는 거야, 뭐야? 이럴 거면 왜 여기 앉아 있는 거지?'라고 생각하게 된다. 상대가 힘든 이야기를 한다면, 같이 힘들어해 주어야 한다. 상대가 신 나는 이야기를 한다면, 같이 신 나서 분위기를 띄워주어야 한다. 이것이 무드를 따라 하는 것이다. 조금 널 웃긴 이야기를 해도 크게 웃어주는 것이 필요하다.

MC 강호동이 바로 이런 분위기 동조의 달인이다. 강호동이 진행을 맡은 〈스타킹〉이라는 프로그램에는 일반인이 출연하여 장기를 펼친다. 일반인 출연자는 TV 출연이 흔한 일이 아니라 낯설고 부끄러울 수 있는데, 강호동은 그런 출연자의 눈높이에 맞추어 끼를 이끌어내 실력을 최대한 뽐낼 수 있도록 도와준다. 종영한 〈무릎팍 도사〉에서도 출연자들이 본인의 어두운 이야기까지도 거리낌 없이 꺼낼 수 있었던 비결은 강호동이 멍석, 즉 말할 수 있는 분위기를 잘 깔아주었기 때문이다.

마지막으로 'W', Word를 따라 하는 것이다. 고객을 응대하는 직업에 종사하고 있다면 특히 귀 기울여 들어야 할 대목이다. 고객의 말을 따라 해주는 것은 아무리 강조해도 지나침이 없다. 고객이 매장에 들어서면서 "어휴, 여기 왜 이렇게 찾아오기가 힘들어요?"라고 말한다면 당신은 어떻게 맞이해야 할까? 고객이 한 말을 따라 해주어야 한다. 고객의 말을 그대로 따라 해줘도 되고, 키워드만 따라 해주어도 좋다. 이렇게 말이다.

"힘드시죠? 여기가 좀 찾기 힘든 곳에 있네요. 이쪽으로 오세요. 따듯한 차 한 잔 드릴게요."

고객이 한 말 중 키워드를 몇 번 따라 해주고 여기에 플러스 알파로 "차 한 잔 드릴게요" 같은, 상대가 존중받는다고 느낄 만한 말을 추가해준다. 그러면 고객은 길에서 헤매느라 짜증스러웠던 감정도 자연히 누그러지고 정말 친절한 직원이라고 생각할 것이다.

동조화법은 고객을 상대하는 사람들에게만 중요한 것은 아니다. 누구와 대화를 하든 꼭 필요한 자세이고, 경청의 기본이다. 흔히 일어날 수 있는 엄마와 아이 간의 대화를 한번 살펴보자.

요즘 아이들은 공부와 학원에 찌들어 무척 힘들어한다. 아이는 이런 힘든 일상을 엄마에게 털어놓고 싶을 것이다. "엄마, 나 공부하기 너무 힘들어"라고 말이다. 당신이라면 아이가 이렇게 말할 때 어떻게 대답할 것인가? 나의 학창 시절, 나도 엄마에게 이런 이야기를 했었다. 그러면 엄마는 늘 이렇게 반응하셨다.

"이게 복에 겨워서. 아빠가 돈 벌어다 줘, 엄마가 밥해줘 빨래해줘. 그깟 공부만 하면 되는데 그게 뭐가 힘들어?"

매번 대화는 이런 식으로 끝을 맺는다. 이런 대화가 반복되다 보면 아이는 아무리 힘든 일이 생겨도 더는 엄마한테 고민을 털어놓지 않게 된다. 김미경 강사는 이런 말을 한다. 아이들은 바보가 아니라고, 자기 이야기를 들어주지 않는 부모에게 자신에 대한 중요한 정보를 절대 주지 않는다고. 피를 나눈 가족이라도 말이다. 나는 이 말에 전적으로 동감한다. 그래서 강의 때마다 이 동조화법을 굉장히 강조하곤 한다.

지금은 내 이름이 마음에 들지만, 강의를 하기 전까지만 해도 이름에 대한 콤플렉스가 있었다. 촌스럽고 여성스럽지 못한 내 이름이 맘에 들지 않았고, 개명도 생각해본 적이 있다. 나는 형제가 여섯이다. 흔히 말하는 딸 부잣집의 장녀다. 육 남매 중 막내를 제외하고 모두 딸이다. 우리 부모님은 유독 아들을 원하셨던 분들이다. 그런데 첫아이가 딸로 나오자, 딸아이 이름을 남자 이름으로 지으면 아들 동생을 본다는 신화와 같은 이야기를 믿으시고 내 이름을 남자 이름으로 지으셨다. 이어서 내리 딸만 넷을 낳으셨는데 모두 그렇게 지으셨다. 심지어 넷째 동생 이름에는 사내 '남' 자가 들어 있다. 오래전, 여주인공 이름이 후남이었던 〈아들과 딸〉이라는 드라마를 보면서 우리 집 딸들은 주인공인 후남이에게 감정이입을 하고 무척 공감했다.

요새는 딸 많은 부모는 노후가 적적하지 않다고들 말한다. 딸들이 엄마에게 친구가 되어주기 때문이라 한다. 대체로 딸들이 아들들보다 부모를 살뜰히 챙기기는 한다. 그래서 아들-딸이면 동메달, 딸-아들은 은메달, 딸-딸이면 금메달, 아들-아들은 목메달이라는 우스갯소리도 있다. 그래서 딸 부잣집이라고 말하면 사람들은 우리 엄마를 무척 부러워한다. 그런 말을 들으면 나는 마음이 좀 씁쓸하다. 우리 집

딸들은 그렇지 못하기 때문이다. 나이를 먹고, 결혼하고, 아이를 낳다 보니 이제는 엄마의 인생에 대해 공감도 하고, 안타까운 마음이 자리를 잡고 있다. 하지만 그 안타까움이 잘 표현되지가 않는다. 너무 오래도록 엄마와 대화하는 법을 잊어버리고 산 탓이다. 내가 본격적으로 커뮤니케이션에 관심을 갖고 공부를 하게 된 계기도 바로 여기 있다고 할 수 있다.

엄마의 대화 방식은 주로 지시였다. 자식들의 말에 귀 기울이기보다는 자신의 주장을 강하게 내세우는 편이었다. 주위에도 이런 대화 패턴을 갖고 있는 사람들이 드물지 않다. 이들 주변에는 사람들이 모일 수가 없다. 나의 이야기를 들어주지 않고, 자신의 주장만 하는 사람을 좋아하는 사람은 없기 때문이다. 우리 모녀지간도 마찬가지였다. 소심하고 내성적인 나였지만, 엄마와는 자주 부딪혔다. 엄마와 얘기를 하다 보면 결국 화가 나게 되는 상황이 많았다. 엄마처럼 말하지 말아야겠다고 다짐했지만, 주변 사람들로부터 얘길 듣고 내가 바로 엄마와 똑같은 방식으로 대화한다는 걸 알게 되었다. 그래서 본격적으로 커뮤니케이션 공부에 뛰어든 것이다. 우리가 현재 사용하고 있는 대화 패턴이나 대화 습관은 학교에서 배운 것이 아니다. 부모님을 그대로 따라 하는 것이다. 자식은 부모의 뒷모습을 보고 자란다는 말도 있잖은가.

중학교 2학년 때 일이다. 지금의 중2는 대한민국에서 가장 무서운 나이라고 한다. 북한이 쳐들어오지 못하는 이유가 남한에 중2들이 있기 때문이라는 농담이 유행이다. 이토록 무서운 질풍노도의 시기인 중2 때, 나에게는 잊지 못할 사건이 있었다. 방학 때면 늘 엄마의 강요에 의해 교회에서 진행하는 수련회에 참석하곤 했다. 지금 와서 생각해보면 그때 들었던 많은 강의가 내 인생에 크게 도움이 되었지만, 그때는 그것조차 싫었다. 엄마에 대한 에토스가 낮았으니 당연한 일이었을 것이다. 하지만 그해 수련회에서 한 강사님의 강의가 너무나 감동적이었다. 주제는 부모님께 감사할 줄 알아야 한다는 진부한 것이었으나, 강사님의 강의가 내 마음에 울림을 주었다. 그래서 나는 엄마와의 관계에 변화를 주어야겠다고 다짐하고 집으로 돌아왔다.

마침 이튿날이 내 생일이었다. 나는 엄마에게 이런 멘트를 준비했다.

"엄마, 오늘 나 낳느라고 너무 힘들었지?"

마음에 큰 돌이 얹혀 있는 듯 굉장히 힘들었지만, 그 말을 엄마에게 조심스레 건넸다. 그러자 엄마는 대뜸 이렇게 대꾸했다.

"그래 이년아! 너 낳느라고 죽는 줄 알았다!"

다시 벽에 부딪힌 느낌이었다. 이제는 나이를 먹고 인생의 유머와 해학을 받아주고 던질 정도의 마음의 여유가 생겼지만, 그때 나는 중학교 2학년이었다. 그 뒤로 다시는 이런 일을 하지 않으리라 굳게 마음먹고 말았다.

어렵고 힘들게 건넨 내 말을 엄마가 동조화법으로 받아주었더라면, 모녀 사이가 훨씬 더 가까워졌을 것이다. 상대의 말을 따라 한다는 것, 별것 아닌 것처럼 느껴질 수도 있다. 그러나 그 힘은 비할 바 없이 강력하다. '당신 이야기 잘 듣고 있어요'라고 상대에게 표현하는 중요하고 필수적인 방식이다. 동조해야 한다, 상대의 모든 것을!

넘사벽을 허무는
공감의 힘

동조화법은 상대의 말을 복사해서 말하는 것이다. 다시 말하면 상대의 감정, 언어, 행동을 공감하는 것이다. 같이 느끼고 같이 말하고 같이 행동하는 것이다. 상대가 나와 같은 생각을 갖고 있다고 믿으면 우리는 그를 무한 신뢰하게 된다. 통하니까 말이다.

김수현 작가의 드라마는 방송이 될 때마다 사회적으로 엄청난 반향을 불러일으킨다. 그중 가장 기억에 남는 작품이 2008년도에 방영되었던 〈엄마가 뿔났다〉라는 드라마다. 김혜자 씨가 연기했던 '엄마'에게 가장 큰 걱정거리는 큰딸이다. 큰딸은 이혼 전문 변호사로 나이가 서른여섯인데도 결혼은 절대 하지 않겠다고 한다. 결혼은 하지 않겠다면서도, 같은 로펌 변호사와 반 동거 상태로 지내다가 결국은 엄마에게 들키게 된다. 그런데 상대 남자는 이혼남에 아이까지 있는 상황이다. 결국 엄마의 반대를 무릅쓰고 이혼남과 결혼하겠다고 한다.

만약 당신의 딸이 이런 결혼을 하겠다고 나선다면, 당신은 승낙하겠는가? 나라도 도시락을 싸들고 다니면서 말릴 것이다. 극중 엄마도 결사반대를 하다가, 결국은 상대 남자의 엄마와 대면을 하고 돌아온다. 돌아와서 남편과 나누는 대화가 이렇다.

"너무 날카롭게 하지 말지, 먼 장래를 위해서라도. 고약하게 하고 들어왔어?"

"여보, 나 뭐에 홀린 거 같애. 영수 준다 그러구 들었어. 나 참, 안사돈 맘에 들어 이럴 줄은 정말 몰랐네. 사람이 너무 괜찮어. (…) 그냥 미안해서 어쩔 줄을 모르면서, 나 다 이해한대, 너무 이해한대…. 에휴 참…. 어쩌겠어? 지 팔자 그러면 할 수 없는 거지…. 아휴 나 몰라, 자기 남편 출장에서 돌아오면 바로 상견례 날짜 잡재."

"괜찮은거? 어디 아픈 거 아녀? 응? 아, 내 말은 다 구박을 하고 그렇게 꼬장을 부리더니, 그 양반은 어떻게 흐물흐물허게 맨든거?"

"얼마나 속이 상하겠냐고, 위로해줄 말이 없다고 그럼서 나를 보는데, 그 얼굴이 거짓말이 아니더라고, 나하고 같이 똑같이 속상해 해주는 얼굴이더라고, 이상하게 마음이 편안해지면서, 통하는 친구 같기도 하고, 이런 시어머니면 괜찮겠다 싶었어…"

이처럼 상대편 엄마가 자기를 너무 이해해주더라, 같이 울어주더라 하면서 시어머니 될 자리가 맘에 들어 결혼 승낙하게 될 줄은 몰랐다고 고백하는 장면이 나온다.

공감의 힘을 보여주는 명장면이라 생각해 강의 때 교육생들에게 자주 보여주곤 한다. 이 장면을 보면서 교육생들은 같이 눈물을 흘리곤 한다. 특히 중년의 여자분들은 영락없이 눈물을 흘린다. 같은 엄마의 입장이 되기 때문이다. 공감은 이렇게 엄청난 힘을 가지고 있다. 극중의 엄마는 상대편 엄마가 보여준 공감의 힘에 무너져 내리고, 이 드라마를 보는 우리는 그 엄마의 감정에 공감하게 되어, 매회 본방 사수를 외치며 드라마에 몰입하게 된다.

얼마 전까지 한창 시청률이 상승하던 예능 프로그램이 있었다. 금요일 저녁에 보고도 주말에 계속되는 재방송마저 지루함 없이 본 〈삼시세끼-어촌편〉이다. 이 프로그램이 상승가도를 달리게 한 가장 큰 원동력은 차승원이라는 배우다. 차승원이라는 배우가 가진 에토스는 한마디로 '차도남', 철저한 자기관리로 25년 넘는 연예계 생활에서 단 한 번의 스캔들도 일으키지 않은 차가운 도시 남자다.

이국적인 외모와 모델 출신다운 우월한 '기럭지', 다양한 스타일의 연기도 소화해내며 항상 최선의 자세로 완벽함을 추구하는 모습의 배우라는 에토스를 갖고 있다. 어찌 보면 대중에게는 차승원이라는 배우에 대한 프레임이 형성되어 있는 것이다. 이 프레임은 차승원을 넘을 수 없는 벽을 가진 에토스의 소유자로 만들어놓았다.

그런 그가 20대도 갖기 힘든 복근과 기럭지를 보이는 것이 아니라 꽃무늬가 그려진 빨간 고무장갑을 끼고, 무릎이 튀어나온 검은 레깅스 차림으로 등장한다. 거기서 이미 대중은 기존의 프레임이 깨지는 반전을 맛보게 된다. 꽃무늬 고무장갑을 끼고 김치를 담그는 모습에 우리는 그를 '차줌마'라고 부르기 시작했다.

대중의 시선을 사로잡은 것은 단순히 그의 반전 있는 외양에서 그치지 않는다. 그가 보이는 음식솜씨에 사람들은 또 다른 감동을 느낀다. 먹기조차 아까운 유명한 셰프가 만들어 내놓는 것 같은 화려함이 아니다. 아니, 정확히 말하면 그가 내보이는 요리는 재료의 양을 계산하고 하는 전문 요리사의 레시피가 아니라 우리 일반 생활인, 특히 주부들이 해내는 것과 같은 음식이다. 그렇게 만들어내는 요리에 대중은 대번에 공감대를 느끼는 것이다. 아무 재료나 갖다 놔도 어떤 음식을 할 것인지 금방 결정하고, 진짜 엄마들이 하는 것처럼 재료가 있으면 있는 대로, 없으면 없는 대로 밥상을 뚝딱 차려내는 차줌마에 열광한다. 카메라 앞에서 의도된 설정이 아니라 진정성을 보여주면서 만들어낸 공감대로 대중의 마음을 얻는다.

그런 그를 보면서 진정한 설득이 무엇인지 다시 한 번 생각하게 된다. 설득하고자 한다면 공감대를 찾아야 한다.

칭찬을 잘하려면

연말이면 다양한 행사가 있지만, 아이 키우는 엄마들에겐 유치원에서 열리는 재롱잔치가 큰 행사다. 어른들에겐 좋은 볼거리를 제공하는 행사지만, 정작 아이들에겐 고통이 따르는 시간이기도 하다. 여섯 살 난 아들이 재롱잔치를 위해 유치원에서 연습을 하던 중 장염에 걸려 열흘 넘게 결석을 하게 되었다. 재롱잔치가 사흘 정도밖에 안 남은 상황에서 다시 연습을 시작한 아들이 발표회 때 틀릴까 봐 긴장된다는 말을 했다. 그래서 아이에게 물었다.

"왜? 못한다고 선생님한테 지적당했어?"

"아니? 난 연습 시간이 부족했어도 잘 따라가고 있어."

"그럼 뭐가 걱정이야. 선생님이 칭찬도 많이 해주시겠네? 연습 별로 안 했는데도 잘 따라간다고, 그치?"

"아니, 선생님이 칭찬을 안 해주셔."

"그래? 석원이한테만 안 해주시는 거야?"

"아니, 다른 아이들한테도 칭찬을 잘 안 하셔."

"왜 그러실까?"

"그러게 말이야. 내가 아이들에게 다 물어봤거든. 선생님한테 칭찬 듣고 싶지 않냐고. 그랬더니 아이들도 다 칭찬을 듣고 싶대…."

아마도 아들의 담임 선생님은 칭찬의 역효과에 의미를 더 두시는 분이었나 보다. 그래도 아이들은 칭찬에 목말라하는 것 같아 안타까운 맘이 들기는 했다.

칭찬은 고래도 춤추게 한다는 책이 베스트셀러가 된 후 우리 주변에는 칭찬하는 사람이 많이 늘고 있다. 칭찬이 남발하는 시대라 할수 있다. 상대방을 잘 관찰하지 않고 의례적으로 하는 칭찬도 많다. '인상이 좋으세요', '재미있으시네요' 같은 말을 처음 보는 사람들끼리 주고받는다. 물론 이런 칭찬도 안 하는 것보다는 낫지만 말이다. 이제는 개념 있고 생각 있는 고래는 아무 칭찬에나 춤추지 않는다고 말해야 할 것 같다. 의미 없는 칭찬이 난무하면 무의미한 소통만 늘어날 뿐이다. 진실하거나 근거가 없는 칭찬은 빈정거림이나 인사치레밖에 되지 않으므로 진정한 의미의 칭찬이라고는 할 수 없다.

상대의 나르시시즘을 직접 충족시키는 방법이 바로 칭찬이다. 무의미한 교류가 아니라 상대의 마음과 귀를 활짝 열어젖힐 수 있는 칭찬이 필요하다. 들어서 기분 좋은 칭찬이 있는데, 그것은 바로 상대가 듣고 싶어 하는 말을 해주는 것이다. 성공하려면 너무 솔직하게 말하기보다는 상대가 기대하는 말을 할 줄 알아야 한다.

강의를 하다 보면 복장에 많은 신경을 쓰게 된다. 많은 사람 앞에서는 강사가 정돈된 느낌을 주지 않으면 청중을 설득하는 데 일단은 마이너스로 작용하기 때문이다. 그래서 예전보다는 쇼핑을 자주 하게 된다. 쇼핑을 하러 나갈 때는 굳은 결심을 한다. '오늘은 딱 필요한 것만 사는 거야!', '매장 직원이 하는 립서비스에 절대 굴복당하지 말아야지!' 그렇게 비장한 각오로 매장에 들어간다. 매장 직원들이 고객에게 하는 칭찬은 대부분 의례적인 것이다. 그 점을 고객들도 다 알고 있기에 "어머 고객님, 너무 잘 어울리세요" 식의 멘트는 더는 효력을 발휘하지 못한다.

얼마 전, 강의를 마치고 잠깐의 시간 여유가 생겨서 한 아울렛 매장에 들어섰다. 평상시 내가 입던 브랜드 매장이 아닌 곳에서 세일을 하고 있었다. 윈도쇼핑만 할 생각이었고 단언컨대 구매할 의사는 전혀 없었다. 구경을 하고 있는 나에게 매장 직원이 다가와 말을 건넸다.

"고객님, 자세히 보니 고객님은 상체에 비해 다리가 기신 편이어서 바지정장도 잘 어울리실 것 같아요. 이 옷 한번 입어보세요."

그녀의 말에 나는 마치 자석에라도 끌려가는 쇠붙이처럼 손에 이미 그 옷을 들고 피팅룸으로 향하고 있었다. 옷을 입고 나오는 나에게 그 직원은 다시 바짝 다가와서는 이렇게 말하는 것이었다.

"어머, 방금 어떤 분이 이 옷을 입었었는데 고객님하고는 핏이 완전 달랐어요. 역시 제 눈이 정확한 것 같아요. 이 옷은 다리 긴 분이 입으셔야 딱인 옷이에요… 고객님! 완전 고객님 옷이에요. 호호호."

이미 난 지갑에서 카드를 꺼내 긁고 있었다. 나는 키가 큰 편이 아니다. 그러나 늘 거울을 보며 '키는 작지만, 몸에 비해 다리는 길어. 그래서 바지가 잘 어울리는 편이야'라고 생각하는 사람이다. 어디까지나 나의 개인적인 생각이지만, 나의 이런 자부심 포인트를 그 직원은 귀신같이 찾아내고 그 부분을 강조한 것이다. 그녀의 말에 난 마음의 빗장을 확 열어젖히고 말았다.

효과 있는 칭찬은 이렇듯 상대가 듣고 싶어 하는 말을 해주는 것이다. 누구에게나 할 수 있는 칭찬이 아니라 그 사람에게 딱 맞춘 듯한 칭찬이 중요하다. 컴퓨터 미인이라는 황신혜 씨에게, "어머, 어쩜 이렇게 얼굴이 예쁘세요?"라는 말은 별 효력을 발휘하지 못하는 칭찬일 것이다. 맞춤 칭찬을 하려면 당연히 상대에게 관심이 있어야 하고, 내 온몸의 센서가 상대에게 맞추어져 있어야 그렇게 할 수 있다.

한때 직장인들 사이에서 〈미생〉이 화제였다. 바둑만이 인생의 전부로 알고 살던 주인공 장그래가 계약직 직원으로 입사해 고군분투하는 내용의 드라마다. 초반부에 주인공 장그래는 회사 내에서 혼자라는 느낌에 힘들어한다. 장그래는 정직원도 아니고, 요새는 어디 가나 흔한 대졸 사원도 아닌 데다 직장인들이 제일 혐오하는 낙하산이라는 점 때문에 외톨이처럼 지내게 된다. 더욱이 직속 팀장으로부터 혼자가 아닌 법을, 함께하는 법을 알지 못한다는 꾸지람까지 듣는다. 그는 현재 상황과 바둑을 둘 때도 혼자였던 자신의 과거가 오버랩되며, 자괴감을 느끼면서 이렇게 외친다. "모른다면 함께하는 것을 가르쳐 달라"고 말이다. 장그래는 자신의 부서 직원과 함께하고 싶은 열망이 너무나 간절한 상황이었다.

그러던 중 전환점이 될 만한 사건이 발생한다. 옆 부서에서 비품이 모자라 딱풀을 빌리러 왔던 한 직원이 장그래의 책상에서 풀칠을 하다가 장그래 책상 위에 있던 영업기밀문서가 딸려 가 외부로 유출되어버린 것이다. 공교롭게도 이 문서가 회사 로비에서 나뒹굴고 있었고, 그것을 장그래 소속 팀장과 앙숙이라 할 수 있는 전무가 발견하고 말았다. 장그래가 속한 영업3팀은 쑥대밭이 되었다. 이 사건으로 괴로운 영업3팀은 술자리를 하게 되고, 마침 그 딱풀을 빌리러 왔던 옆의 부서와 마주치게 된다. 장그래의 직속 상관은 그 부서 팀장에게 만취한 상태에서 이렇게 소리친다.

"야! 너네 부서 비품 좀 잘 사주란 말야! 딱풀 때문에 괜히 우리 애만 욕먹었잖아!"

이 말 한마디에 장그래는 영업팀에 소속감을 느끼게 되고, 밤새 이 말을 곱씹으며 행복해한다. 이 '우리 애'라는 말은 장그래가 그렇게 듣고 싶어 하고 갈망하던 '함께한다'는 말이었다. 물론 상대를 칭찬하는 말과는 약간의 거리가 있지만, 이 한마디가 장그래에게는 감동을 안기는 말이 된 것이다. 이 한마디로 장그래는 동기부여가 되었다. 팀장과 인간적인 관계로 발전할 수밖에 없는 상황이 된 것이다. 열 번의 칭찬보다 더 강력한 힘이 있는 말이다. 상대가 듣고 싶은 말을 칭찬으로 해준다면, 상대의 마음을 얻는 것은 아주 쉬운 일이 된다. 장그래가 팀장에게 자신의 모든 것을 바치듯, 상대의 마음을 얻게 되는 것이다.

우리 회사에서도 한창 칭찬 릴레이 이벤트를 진행한 적이 있다. 초반에는 직원들 사이에서 신선하다는 평을 들었으나, 이 이벤트는 점점 애물단지가 되어갔다. 점점 형식적인 칭찬 릴레이가 진행되던 중, 눈에 띄는 칭찬이 사내 게시판에 등장했다. 일반 업무를 하던 다른 직원들과는 다르게 강의를 하고 다니던 나에게는 심장을 울리는 칭찬이 올라온 것이다.

강사들은 사무실에 있는 시간보다는 외부로 돌아다니는 일이 훨씬 많다. 강사 입장에서 보면 덥고 추운 여름과 겨울에 강의를 하러 돌아다니는 게 여간 어려운 일이 아니다. 그래서 강사들은 장돌뱅이라고 자조적으로 표현하기도 한다. 그러나 강의를 하지 않는 직원 입장에서 보면, 사무실에 없는 사람은 일을 별로 하지 않는 직원으로 보이기 십상이다. 더욱이 사무실에 있을 때는 매일 책 읽고, 인터넷 검색하고, 고민하고 생각하는 일이 주가 되는 터라 강사라는 업무는 황금 보직이라고 생각하는 직원이 많았다. 심지어는 한량이라고 보기도 한다. 그런데 직원 중 한 명이 올린 칭찬에는 이렇게 적혀 있었다.

"오늘은 지순호 강사님을 칭찬하려고 합니다. 사무실에서 자주 뵐 수는 없는 분이지만, 출근하시는 날에는 늘 다른 직원들보다 일찍 나오셔서 책을 읽고 계시는 모습을 자주 뵐 수 있었습니다. 정말 자기관리를 잘하시는 분이라는 말을 해드리고 싶고요. 강의하시는 내용을 듣다 보면 평소에 말없이 고민하던 모습이 떠오르면서, 예리한 눈으로 관찰하시더니 저런 내용이 강의에 들어가는구나라는 것을 알게 됩니다. 일반 업무를 하는 우리와는 다른 눈으로 상황을 보시는 색다른 관점을 갖고 계시는 분이구나 하는 생각이 들었습니다. 저는 강의를 하시는 분들은 그냥 천부적으로 말을 잘하는 분들이라 생각했는데요. 지 강사님을 보니 타고난 것이 아니라 노력으로 만들어낸 능력이라는 생각이 들었어요. 그래서 정말 셀프리더라는 말이 딱 어울리는 분이라고 칭찬해드리고 싶네요. 지 강사님 파이팅하십쇼!"

아마 이 칭찬 글을 봤을 때의 내 심정이 〈미생〉의 장그래와 같지 않았나 싶다. '혼자 외로이 일하고 있는 나를 이렇게 관심 갖고 바라봐 주는 사람이 있었구나!' 싶어서 칭찬 글을 올려준 그 직원이 너무나 고마웠던 기억이 난다. 그 직원은 지금 지방에 내려가 있지만 지금까지도 소식을 주고받는 사이가 되었다. 살다 보면 언젠가 그 직원이 나에게 어려운 부탁을 할 수도 있을 터, 나는 기꺼이 들어줄 마음의 준비를 하고 있다.

강의 도중 나는 남자 교육생들에게 이런 질문을 자주 한다.

"여자들이 왜 선물 받는 것을 좋아할까요?"

열 명 중에 아홉 명은 이렇게 답한다.

"그거야 뭐, 물건이 공짜로 생기니까 좋은 거 아닌가요?"

남성들의 대화 패턴을 보면 상당히 이성적이고 논리적이라는 것을 강의하면서 많이 알게 되었다. 물론 물건이 공짜로 생긴다는 것도 맞는 이야기다. 하지만 그것보다 더 중요한 이유가 따로 있다. 그것은 바로 관심이다. 선물을 해본 사람은 알 것이다. 상대가 누구이고, 그 사람의 취향이 무엇인지 모르는 상태에서 선물하는 일만큼 어려운 일도 없지 않던가. 그 사람한테 이 물건이 필요한 걸까? 이 색깔을 그 사람이 싫어하는 거 아닐까? 상대에 대해 관심 없이 주고받는 선물은 그다지 의미를 갖지 못한다.

칭찬은 선물을 주는 것과 마찬가지다. 상대가 진정으로 원하는 것이 무엇인지 알지 못하고 그냥 하는 칭찬은 립서비스에 불과하다. 당연하게도, 립서비스로는 상대의 나르시시즘을 만족시킬 수 없다.

도로시 딕스는 "어느 여자에게든 먼저 칭찬을 해주는 것이 그녀로 하여금 당신에게 반하게 하는 비결이다"라고 했다. 벤저민 디즈레일리는 "남자는 누군가로부터 칭찬을 들으면 몇 시간이고 고분고분해진다"라고 했다. 상대에게 원하는 것을 주는 것이 마음을 움직이게 하는 법이라면, 남자와 여자는 서로 원하는 게 다르다는 것을 알 필요가 있다. 앞에서 말했듯이 여자들은 관심에 목매달고 있는 사람이고, 그에 비해 남자들은 자존심에 목숨을 건 존재들이라고 한다. 자신을 드러내어 남들에게 인정받고 지지받고 싶어 하는 마음을 자존심이라고 할 수 있는데, 흔히 남자들의 자존심을 나타내는 표현인 '폼생폼사, 각생각사(각에 살고 각에 죽는다), 남자들의 허풍' 등은 여기서 기인하는 것이다.

몇 년 전 세간을 시끄럽게 했던 타이거 우즈의 외도 사건이 세상에 알려졌을 때, 몇몇 리포트에서 남성이 외도를 하는 심리적 이유에 대해 언급하는 것을 봤다. 배우자로부터 인정받고 지지받고 칭찬을 들으면, 모든 남편은 이 세상에서 못할 짓이 없는 슈퍼맨이 될 수 있다고 한다. 그런데 아내들이 이것을 해주지 못하기 때문에 이런 심리적

결핍을 충족하기 위해 외도를 한다는 것이었다. 불륜의 상대 여성을 보면 자기 아내보다 잘난 사람이 별로 없는 것도 이러한 이유라고 한다. 물론 이 내용이 100퍼센트 맞는다고 볼 수는 없지만, 부분적으로는 수긍할 만하다고 생각한다.

부부 사이에서 소통이 잘되고, 배우자를 나와 같은 방향으로 이끌기를 원한다면, 평상시 상대가 원하는 칭찬을 자주 해야 한다. 자존심을 세워줄 수 있는 칭찬, 관심과 사랑이 가득한 칭찬이야말로 의미 있고 나르시시즘을 충족시키는 칭찬이라 할 수 있다.

연애할 때는 이런 칭찬을 많이 한다. 여자는 남자에게 "자기가 최고야! 자기처럼 완벽한 남자는 없는 거 같아!"라고. 남자들은 여자에게 "자기 미모는 그 누구도 따라올 수가 없어. 미스코리아가 와도 우리 자기 앞에서는 한 마리 참새야, 짹짹!" 이렇게 말이다. 우리는 이런 칭찬이 무엇보다 상대의 마음을 즐겁게 할 수 있다는 것을 본능적으로 알고 있다.

칭찬은 좀더 확장해보면 상대에 대한 긍정적인 피드백, 긍정적인 교류라고 할 수 있다. 흔히들 말이 가진 힘은 강력하다고 말한다. 한 사람의 인생을 완전히 바꿔놓는 것이 말이라고도 한다. 우리가 사용하는 말을 조금만 바꾸어주어도 설득하는 데 커다란 도움을 받을 수 있다.

소통하는 시장으로 명성을 얻고 있는 박원순 서울시장은 이러한 말의 힘을 잘 알고 있는 사람이다. 박 시장은 서울시민과 소통하기 위해 다가가려 하는데, 소통의 표정이자 얼굴이 될 수 있는 공무원들이 사용하는 언어가 경직되어 있다고 판단했다. 관공서에서 사용하는 말들은 대부분 행정 실무자의 편의를 위해 만들어진 것들이다. 그래서 예전부터 사용해온 경직된 언어를 서울시민이 사용하는 언어로 바꾸자고 결심한 것이다.

예를 들면 '월요일 휴관 안내'라고 썼던 것을 '월요일은 잠시 책을 덮고 산책을 하시는 것도 좋습니다'라고 바꾸는 식이다. 또 잡상인, 노점상이라는 말을 없애고 거리상인, 이동상인이라는 표현을 썼는데, 사람들의 반응이 기대 이상이었다고 박 시장은 말한다. 특히 많은 이들이 자신을 잡상인과 노점상의 아들과 딸이라고 밝히며 서울시장에게 감사의 뜻을 전했다고 한다. 자신들의 부모를 거리에서 보잘것없는 물건을 파는 사람이라고 보지 않고 한 명의 아버지 또는 어머니로, 친구이자 이웃으로 바라보자는 의미가 담겨 있기 때문이다. 서로 마음을 열 수 있으려면 먼저 언어가 바뀌어야 함을 보여주는 사례라고 할 수 있다.

언어가 바뀐다는 것은 관점이 바뀐다는 것을 의미한다. 긍정적인 말과 칭찬을 잘하려면, 상대를 바라보는 관점이 바뀌어야 한다. 그러면 결과적으로 언어에 변화가 생긴다. 사람은 보려고 할 때만 보이고, 배우려고 하는 사람만이 배울 수 있다. 칭찬도 마찬가지다. 상대를 이 세상의 중심으로 느끼게 하는 진정성 있는 칭찬이야말로 생각 많고 까다로운 고래도 춤추게 할 수 있다.

궁금하면 오백 원

매주 일요일 저녁, 한 주를 마무리하며 많은 사람이 〈개그콘서트〉를 즐겨 본다. 거기서 나오는 각종 유행어는 한 해를 풍미하는 말이 되기도 한다. 2012년도 최고의 유행어는 바로 '거지의 품격' 코너에서 허경환이 사용했던 말이다. 잘생긴 얼굴로 거지 분장을 하고, 자신은 그냥 거지가 아니라 꽃거지라고 당당히 외치며 구걸을 하는 코너였다. 상대 역으로 나오는 여자는 꽃거지의 거지답지 않은 말과 행동에 대해 의아해하며 왜 그러냐고 묻는다. 그러면 꽃거지가 당당히 외친다.

"궁금해요? 궁금하면 오백 원!"

꽃거지의 구걸 필살기다. 알고 싶으면 돈을 달라는 결정적 한마디에 상대는 주저 없이 돈을 내놓는다. 왜? 정말 궁금하니까.

　요즘 방송사마다 필수적으로 방영하는 프로그램이 있다. 바로 오디션 프로그램이다. 요즘은 가수로 가장 빠르게 성공하는 길이 오디션 프로그램에서 실력을 인정받고 대중에게 확실한 눈도장을 찍는 거라고 해도 과언이 아니다. 물론 출중한 실력으로 단계마다 당당히 합격하는 도전자들도 있지만, 탈락의 위기에서 벗어나는 운이 좋은 지원자도 눈에 뜨인다. 이런 지원자들에게 심사위원들이 공통으로 하는 말이 있다.
　"○○○ 씨의 지금 실력은 완벽하지 않아요. 고음에서는 약간 불안정하고, 호흡도 완벽하지는 못합니다. 그런데 이상하게 다음에 한 번더 보고 싶어요. 다음 단계에서 이 사람이 어떤 모습으로 등장할지가 궁금해져요."
　심사위원 입에서 이 말이 나오면 그 지원자는 합격이 된다.

　요즘 취업난이 심각하다. 젊은 친구들이 취업을 하기 위해 노력하는 모습을 보면 선배로서 안쓰러울 때가 많다. 열심히 준비하고 시간과 돈을 투자하지만 많은 사람이 고배를 마시고 묻는다.
　"어떻게 해야 취업에 성공할 수 있을까요?"
　취업에 성공하려면 먼저 서류심사를 통과해야 하고, 면접을 통과해야 한다. 첫 단계가 스펙과 자기소개서를 들고 도전하는 것이다. 취업 준비생들이 설득해야 할 상대는 기업의 인사 담당자와 면접관들이다. 설득의 첫 단계는 자기소개서다. 자기소개서를 얼마나 잘 작성하느냐가 면접으로 가느냐 마느냐의 중요한 열쇠가 된다. 요즘엔 스펙만으로는 변별력이 없기 때문에 자기소개서를 얼마나 탐나게 작성하느냐가 중요하다.

탐나는 자기소개서란 바로 심사위원들이 오디션 지원자들에게 한 말을 떠올리게 하는 소개서라 할 수 있다. "이 사람 어떤 사람인지 면접에서 봐야겠어. 궁금한데?"라는 말이 그들 입에서 나오게 해야 한다. 그래야 면접까지 가게 된다. 상대에게 궁금증을 일으키는 내용을 자기소개서에 적절히 배치하라는 얘기다.

설득을 하려면 상대방의 마음을 잘 읽어야 한다. 그것이 바로 경청이다. 상대를 잘 알고 그가 원하는 것을 제공해야 한다. 내 입장에서가 아니라 상대의 입장에서 준비해야 한다. 자기소개서를 작성할 때도 이것을 철저히 유념해야 한다.

기업의 인사 담당자들이 입사지원 서류를 검토하는 시간은 평균 5초다. 하루에도 몇천 장의 서류를 봐야 하는 상황이다. 그들 역시 바쁘다. 일반 직장인과 똑같다. 요즘 직장인들은 시간이 없어서 운동을 하려면 밥 먹는 시간을 쪼개서 해야 한다. 이런 그들이 신문을 읽는다는 것은 상당히 어려운 일이다. 출근하면서, 점심 먹으면서 잠깐잠깐 인터넷 기사의 제목을 훑는다. 그러다가 눈에 띄는 제목을 발견하면 클릭해서 내용을 읽어본다. 궁금하기 때문이다. 기업의 인사 담당자들도 이와 마찬가지라고 보면 된다. 수많은 서류 중에 눈에 띄는 자기소개서를 발견한다면 시간을 내어 읽어보게 될 것이다. 인사 담당자가 내 서류를 보게 하려면 자기소개서를 눈에 뜨이게 작성하면 된다. 그것이 바로 '유혹의 기술'이다.

   유혹은 다름 아닌 마음을 훔치는 것이다. 상대가 나에게 관심을 갖도록 만들어주는 것이다. 연애의 기술과 다르지 않다. 흔히 밀당을 잘해야 연애를 잘하는 사람이라고 한다. 한 연애 전문 칼럼니스트에게 기자가 물었다.
   "밀당은 뭐라고 생각하나요?"
   "밀당은 우리가 늘 입는 속옷입니다."
   "왜죠?"
   이 인터뷰를 들으면서 나도 몹시 궁금해졌다. '왜 밀당이 속옷이지?'라고 말이다. 칼럼니스트는 이렇게 대답했다.
   "우리가 집에 있든 밖으로 나가든 속옷은 늘 챙겨 입잖아요. 연애를 할 때는 밀당이 없으면 성공하기 어렵거든요. 연애할 때 늘 챙겨야 하는 것이 밀당입니다."

그녀의 말에 동감하고 수긍하게 되었다. 그녀가 사용한 화법도 바로 상대를 궁금하게 하는 유혹의 화법이라고 할 수 있다. 그냥 밋밋하게 '밀당은 연애할 때 반드시 필요한 것'이라고 했다면 그녀의 말을 귀담아듣지 않았을 것이다. 상대를 궁금하게 만들어야 한다. 그래야 상대가 나의 말에 빨려들게 된다. 궁금해서 못 참겠으니까 말이다. '네가 누구인지 궁금하다고요!'라고 외치게 만들어야 한다.

사람은 이야기를 좋아해

아주 오래전, 인류는 먹을 것이나 노동력이 부족하면 무기를 들고 옆 부족을 약탈했다. 그러나 현대를 살아가는 우리는 그럴 필요가 없다. 현대인들이 선조들보다 평화를 사랑하는 족속으로 탈바꿈해서 그런 건 아니다. 총과 칼 같은 무기 대신 돈을 가지고 있으면 해결할 수 있게 되었기 때문이다. 돈만 있으면 먹을 것을 구할 수 있고, 돈을 가지고 있으면 부족한 노동력을 살 수 있기 때문이다.

그러나 월급쟁이인 직장인들에게는 늘 부족한 것이 돈이다. 물가는 계속 오르고, 월급은 너무나 게을러서 움직임이 굼벵이 같기만 하다. 세상에 모든 것이 올라도 안 오르는 게 두 가지가 있다. 바로 내 아이의 성적과 나의 월급이다. 그래서 많은 사람이 재테크에 몰두한다. 사무실 동료 중에 재테크에 지대한 관심을 갖고 있는 친구가 있다. 친구라는 에토스에 이끌려 친구 따라 강남 가듯, 그 친구 따라 재테크 강의를 들으러 간 적이 있다.

그전에도 몇 번 재테크 강의를 들어본 적이 있는 나는 별 기대 없이 자리에 앉아 있었다. 그런데 이번 강의는 너무나 재미있고 흥미진진했다. 그 이유는 강사의 강의 기법이 기존의 재무 강사들과는 사뭇 달랐기 때문이다. '재무 강의를 저렇게도 풀어내는구나' 하는 생각에 감탄이 절로 나왔다. 그 강의의 요점은 리스크를 생각지 않고 하는 투자는 화를 불러온다는 것이었다. 이 딱딱하고 진부한 주제를 강사는 인어공주 이야기로 풀어냈다.

바닷속에서만 살던 막내 인어공주는 아름다운 목소리를 갖고 있었다. 하루는 언니들을 따라 육지구경을 하게 되고, 육지에서 죽을 위기에 처해 있는 왕자를 구해주게 된다. 인어공주는 왕자를 사랑하게 되었으나, 불행히도 왕자를 구해준 게 자신이라는 말을 건네지 못한다. 인간의 모습이 아닌 인어의 꼬리를 가지고 왕자 앞에 나설 수는 없었기 때문이다. 왕자에게 사랑을 고백할 수 있는 유일한 수단이 인간의 다리를 갖는 거라고 판단한 인어공주는 마녀를 찾아간다. 마녀와의 협상 끝에 인어공주는 자신의 아름다운 목소리를 마녀에게 주고, 대신 인간의 다리를 얻는다. 마침내 그녀는 인간의 모습을 하고 왕자 앞에 나섰지만, 왕자는 그녀가 자신을 구해준 사람이라는 것을 알지 못한다. 결국 왕자는 자신을 구해줬다고 생각하는 다른 여자와 결혼을 하고, 가엾게도 인어공주는 물거품이 되고 만다.

이 이야기를 투자공식으로 풀어보면 인어공주는 실패할 수밖에 없는 투자를 했다고 볼 수 있다. 인어공주는 왕자의 사랑을 얻기 위해 자신이 투자한 것이 목소리라고만 판단했다. 꼬리를 간과한 것이다. 그녀의 꼬리는 그저 단순히 꼬리이기만 한 것이 아니라 신분을 나타내는 증표이기도 했다. 공주라는 신분, 왕족이라는 신분을 보여준다. 그럼에도 그녀는 단순히 목소리만을 투자했다고 믿음으로써 리스크, 즉 자신의 신분을 상징하는 꼬리가 사라진다는 점을 생각하지 못한 것이다.

설령 비현실적이게도 왕자가 아무것도 없는 벙어리 소녀와 사랑에 빠지게 되었다 하더라도, 빈털터리 벙어리 소녀를 왕세자비로 맞이할 왕족은 거의 없을 것이다. 결국 목소리를 투자할 때 더 큰 손실이 온다는 것을 생각하지 않은 그녀는 실패할 수밖에 없는 투자를 한 것이다. 마찬가지로 우리가 재테크에 몰두할 때, 투자하는 것이 단순히 돈이라고 생각하면 큰 오산이다. 투자에 실패하면 단순히 돈만 잃는 것이 아니라 가족과 건강, 경제력 등 인어공주의 꼬리 부분까지 잃어버리기도 한다. 그래서 투자를 할 때는 반드시 보이지 않는 리스크를 고려해야 한다.

이 강의를 듣고, 예전에 내가 주식투자를 해서 돈을 잃었을 때가 떠오르면서, 그때의 정신적 고통도 회상하게 되었다. 강사의 주장에 동의하게 된 것이다. 공감하면 설득은 이미 시작되고 있는 것이다.

하늘 아래 새로운 것은 없다고 한다. 기존의 것들에 대한 정의를 달리한다든지, 새로운 언어를 사용한다든지, 화법을 다르게 한다든지, 관점을 다르게 함으로써 새로워 보일 뿐이다. 상대를 나에게 공감하게 하려면, 나아가 설득하려면 상대에게 새로운 것을 제시하여야 한다. 이 중에 상당히 효과적인 것이 바로 앞에 예로 들었던 강사처럼 스토리를 활용하는 것이다.

어떤 때에 다른 사람의 말에 귀를 기울이게 되는지 생각해보자. 일단은 내 몸과 마음이 편안해야 상대의 이야기를 잘 들을 수 있다. 다시 말해 상대가 내 이야기에 귀 기울이게 하려면, 상대를 편안하게 해주어야 한다. 이것은 설득하는 상대를 위한 분위기가 그만큼 중요하다는 말이다. 환경적인 요소인 것이다.

그다음으로는 콘텐츠를 들여다보자. 상대의 말이 내 귀에 쏙쏙 들어오는 경우가 어느 때인지 생각해보면 답이 금방 나올 것이다. 상대의 이야기가 새로운 것이거나 재미있으면 시간 가는 줄 모르고 빠져

들게 마련이다. 내가 아는 이야기이거나 관심이 있는 이야기를 하면
또 잘 듣게 되어 있다.

스토리를 활용하는 것은 같은 이야기라도 새롭게 들리거나, 재미있
게 하는 요소를 더하는 방법이다. 스토리가 가지는 힘은 각인효과라
고 볼 수 있다. 상대가 스토리를 활용해서 말을 할 때, 듣는 사람은 그
스토리를 머릿속에서 시각화하게 된다. 그래서 스토리를 활용할 때
는 생생하게 묘사를 해주어야 한다. 그래야 효과가 극대화된다. 머릿
속에서 상상하고 그림을 그리게 되면 이해하기가 훨씬 쉬워지고, 그
러면 공감하기도 쉬워진다.

우리가 잘 알고 있는 말보로 담배도 이러한 스토리를 활용해 각인
효과를 본 상품이다. 말보로 스토리는 다음과 같다.

1800년대 말 미국 매사추세츠공과대학의 전신인 학교에 다니던 고
학생이 있었다. 그는 그 지방 유지의 딸과 사랑에 빠지게 된다. 여자
집안에서 둘 사이를 무척 반대했고, 둘을 갈라놓기 위해 여자를 멀리
친척 집으로 보내버린다. 남자는 그녀를 찾기 위해 몇 날 며칠을 헤
매고 다녔지만 허사였다. 하루는 무작정 그녀의 집 앞을 찾아갔는데
마침 집으로 돌아오는 그녀를 극적으로 만나게 된다. 그녀의 첫마디
는 "나 내일 결혼해"였다. 잠시 침묵이 흐르고, 남자는 이렇게 말한다.

"그럼, 내가 담배 피우는 동안만 내 곁에 있어줘." 여자는 고개를 끄덕였고 남자는 담배를 꺼내 불을 붙인다. 당시 담배는 지금처럼 필터가 있는 담배가 아니라 종이에 말아 피우는 잎담배였기 때문에 몇 모금 빨면 금세 타들어 갔다. 순식간에 담배는 타들어 가고 그렇게 그들은 헤어지고 말았다.

여자와의 마지막 시간을 더 오래 함께하고 싶었지만 금세 타들어 간 담배 때문에 그럴 수 없었다. 이를 원망하던 남자는 거기에서 아이디어를 얻어 친구와 함께 세계 최초로 필터 있는 담배를 만들었고, 보란 듯이 백만장자가 된다. 세월이 흘러 남자는 옛 애인이 남편도 죽고 혼자 병든 몸으로 가난하고 외로이 살고 있다는 소식을 듣는다. 남자는 수소문 끝에 그녀를 찾아가 함께할 것을 이야기하고 다시 찾아오기로 약속한다. 그러나 다음 날 그녀를 다시 찾아갔을 때 그가 발견한 것은 목을 매단 채 싸늘하게 식어 있는 그녀의 시신이었다.

'Man Always Remember Love Because Of Romance Over(남자는 흘러간 로맨스 때문에 항상 사랑을 기억한다)'의 문장의 첫 글자를 따서 만들어진 것이 바로 'Marlboro(말보로)'라는 브랜드다.

이것이 말보로 탄생 스토리라고 전해진다. 하지만 실제로 말보로는 영국 담배이고 처음에는 여성을 타깃으로 출시된 상품이었기 때문에 이 이야기는 허구라 할 수 있다. 스토리텔링 마케팅 기법의 하나로 퍼뜨려진 거라는 얘기도 있다.

어쨌거나, 이런 스토리를 들으면 말보로라는 담배는 머릿속에 각인되어 잊히지 않는다. 이것이 바로 스토리가 가진 힘이다. 푹 빠져들게 하는, 공감하게 하는 힘이다. 현대 대부분 광고가 단순한 상품 설명이 아니라 스토리를 장착하는 이유가 바로 그것이다.

설악산은 사시사철 등산객으로 붐비는 대표적인 산이다. 나는 태생적으로 움직이는 것을 별로 좋아하지 않고, 특히 등산은 굉장히 싫어한다. 그런데 나이를 먹으면서 점점 자연이 좋아지는 것을 느낀다. 2014년 4월 큰 맘 먹고 설악산을 향했다. 산을 좋아하지 않던 내가 산을 찾은 일이 기이했는지 4월인데도 설악산에 눈이 날리기 시작했다. 산 밑에서는 벚꽃이 흐드러지게 피어 있었는데 말이다.

아침부터 눈발이 날리더니 급기야는 쌓이기 시작했다. 우리는 백담사를 방문하려고 했으나, 눈이 너무 많이 내려, 백담사로 들어가는 차가 운행을 하지 못하게 되어 서울로 향했다. 고불고불한 고개를 넘어가던 중, 눈 쌓인 울산바위의 모습에 넋을 잃고 차에서 내려 한참을 바라보았다. 우리뿐 아니라 그 길을 지나던 이들은 모두 우리처럼 차에서 내려 자연이 펼쳐놓은 장관에 넋을 잃었다.

그러던 중 의문이 들었다. '왜 강원도 산속 바위 이름이 울산바위지?' 하고 말이다. 그래서 네이버에 물어보았다. 울산바위라고 이름붙여진 유래는 다음과 같다.

> 태초에 조물주가 금강산을 만들면서 전국 각지의 아름다운 바위들
> 을 불러 모았다. 울산에 있던 울산바위도 금강산에 들어가고자 부지
> 런히 길을 걸었다. 하지만 설악산에 이르렀을 때 금강산의 일만 이천
> 봉이 모두 완성되었다는 소식을 듣고 실망하여 그곳에 멈춰 자리를
> 잡게 되었다고 한다.

이 스토리를 듣고 나서는 울산바위가 내 기억에 더 오래 남게 되었
다. 스토리의 각인효과 덕이다.

스토리를 활용하면 말하는 사람과 듣는 사람 간에 상호작용이 생
겨난다. 설득이란 특정 감정이나 정서반응을 일으켜 마음을 움직이
게 하는 것이다. 스토리에는 그런 힘이 있다.

우리는 태어나면서부터 이야기(스토리)를 들으면서 자라왔다. 이솝
우화나 전래동화 등 어린 시절 엄마가 들려주던 이야기를 듣고, 수많
은 소설을 읽으면서 성장해왔다. 인간은 선천적으로 이야기를 좋아하
는 존재라고 할 수 있다. 여섯 살 난 아들을 지켜보며 느낀 것이다. 아
이들은 기본적으로 모두 책을 좋아하는 존재라는 것을. 다만 성장하
면서 책보다 더 재미있는 스토리에 정신을 잃게 되기는 하지만 말이다.

당신이 설득하고자 하는 사람은 이야기를 좋아하는 존재다. 학교생활을 하면서, 사회생활을 하면서 그들은 스토리를 잊고 지낸 사람들이다. 이제 그들에게 다시 이야기를 만날 기회를 제공하면 된다. 인어공주가 거품이 될 수밖에 없는 스토리를 재미나게 들려주도록 하라.

"사랑에 빠졌을 때
난 행복한 남자였어"

"내 머리는 텅 비었어. 하지만 내게 뇌가 있었을 때는 심장도 같이 있

었지. 두 가지를 다 가져봤는데 심장을 가진 것이 더 좋았어."

양철 나무꾼이 대답했다.

"왜?"

허수아비가 물어보았다.

"내 이야기를 해줄게. 그러면 알게 될 거야."

양철 나무꾼의 이야기는 이렇다.

그는 본래 사람이었다. 어느 날 아름다운 먼치킨 소녀와 사랑에 빠졌

다. 그녀는 한 노파와 함께 살았는데, 노파는 게을러서 소녀가 결혼

하지 않고 노파의 집안일을 계속 해주기를 원했다. 노파는 마녀를 찾

아가 소녀가 나무꾼과 결혼하지 못하게 해달라고 부탁했다. 마녀는 도끼에 마법을 걸어 나무꾼이 나무를 할 때마다 도끼가 미끄러지게 했다. 나무꾼은 한쪽 다리를 잃고, 나머지 다리마저 잘리고, 양쪽 팔까지 잃게 되었다. 그러나 솜씨 좋은 대장장이가 양철로 새로운 팔과 다리를 만들어주어 살아갈 수 있었다. 이에 마녀는 먼치킨 소녀에 대한 사랑을 끝내게 하려고 나무꾼의 몸통을 자르는 마법을 부렸고, 나무꾼은 양철 몸으로 살 수는 있게 되었지만 더는 심장을 가질 수 없게 되었다. 그래서 먼치킨 소녀에 대한 사랑의 감정을 잃을 수밖에 없었다.

그는 1년 동안 자신이 잃은 것이 무엇일까 곰곰이 생각했다. 그것은 심장이었다.

"내가 사랑에 빠졌을 때 난 이 세상에서 가장 행복한 남자였어. 하지만 심장이 없는 사람이 어떻게 사랑을 할 수 있겠니. 그래서 난 오즈에게 심장을 달라고 부탁하기로 한 거야."

이 말을 들은 허수아비는 이렇게 말한다.

"그래도 난 심장 대신 뇌를 부탁할 거야. 바보는 심장이 있어도 그걸로 뭘 해야 할지 모르니까."

"난 심장이 더 좋아. 두뇌는 사람을 행복하게 해주지는 못 해. 행복한 것이 세상에서 가장 좋은 일이야."

양철 나무꾼이 말했다.

양철 나무꾼은 가슴이 따뜻한 사람이었던 것이다. 사랑에 빠진 경험을 해본 사람은 동의할 것이다. 사랑에 빠진 연인들은 자연스럽게 서로의 파토스를 자극하고 충족시킨다. 상대의 마음에 들기 위해 상대를 나보다 더 소중히 여기고 상대의 말에 공감하고 동조한다. 그러면서 행복을 느낀다. 이는 모두 뜨거운 심장이 필요한 일이다.

양철 나무꾼이 그토록 갖고 싶어 하는 심장이 다른 곳이 아닌 당신 가슴에서 뛰고 있다. 상대의 말을 들어주고, 공감해주고, 그의 입장이 되어주고, 상대의 나르시시즘을 충족시켜 행복하게 느끼게 해주는 사랑의 힘. 어찌 보면 아리스토텔레스가 말한 파토스는 사랑의 한 부분이 아닐까 생각한다. 그래서 사랑에 빠지면 상대에게 모든 것을 줌으로써 자신이 살아 있음을, 이 세상에 내가 존재하고 있음을 느끼게 되는 게 아닐까. 그러니 상대를 내 편으로 만들어 설득하기 위해서는 당신과 상대의 심장이 하는 이야기에 귀를 기울일 필요가 있다.

"난 도로시야. 난 에메랄드 시로 갈 거야.
위대한 마법사 오즈에게 나를 캔자스로 돌려보내 달라고 부탁하려고."
도로시가 말했다.
"에메랄드 시가 어딘데? 그리고 오즈는 누구야?"
허수아비가 물었다.
"너 모르니?"
도로시가 허수아비를 바라보며 놀라서 물었다.
"몰라, 사실 난 아무것도 몰라. 너도 알다시피 난 짚으로 만들어졌잖아.
그래서 뇌가 없어."
허수아비가 슬픈 목소리로 대답했다.
"오, 정말 안됐구나."
도로시가 말했다.
"너와 함께 에메랄드 시에 가면 오즈가 나에게 뇌를 줄까?"
허수아비가 물었다
"나도 잘 모르겠어. 하지만 원한다면 함께 가도 좋아.
오즈가 네게 뇌를 주지 않는다고 해도 지금보다 나빠질 건 없잖아?"
"맞아. 내 팔다리와 몸이 지푸라기로 만들어진 것은 괜찮아.
왜냐하면 난 다치지 않거든.
누가 내 발을 밟거나 바늘로 찔러도 난 아무렇지도 않아.
하지만 난 사람들이 나를 바보라고 부르는 게 싫어.
내 머리에 지푸라기 대신 너처럼 뇌가 들어 있다면 무언가를 알 수 있을까?"

4장
....
허수아비에게
지혜를!

에메랄드 시의 녹색 안경

인간에게는 감정의 뇌와 이성의 뇌가 있다.

파충류와 포유류의 뇌라고 불리는 감정의 뇌는 분노, 두려움 등의 감정을 느끼게 한다. 또한 위험에 닥쳤을 때 맞서 싸우기와 도망치기 등의 즉각적인 반응을 담당한다. 감정의 뇌는 진화 과정에서 가장 먼저 발달해 위협의 순간에 강력하게 작용한다. 예를 들어 무언가 나에게 날아오면 본능적으로 피하는데, 이는 감정의 뇌의 작용이다.

반면에 이성의 뇌는 인간의 뇌라고 불린다. 자극에 대한 판단, 논리적인 생각 및 추론, 문제 해결을 담당하며 감정과 충동을 조절한다. 날아오는 것이 스펀지인지 돌멩이인지 구별하여 행동하도록 한다.

감정의 뇌와 이성의 뇌는 서로 유기적으로 움직인다. 그런데 문제는 이성의 뇌가 감정의 뇌를 제어하지 못할 때 생긴다. 누구나 대화를 하다가 갑자기 흥분할 때가 있다. 특히 욱하는 성격이 있는 사람들은 조금만 참으면 되는데 순간적으로 화를 참지 못해서 손해 보는 경우가 많다. 이것은 이성 뇌가 손쓸 틈도 없이 위협을 느낀 감정 뇌가 재빠른 작용을 하기 때문이다. 그럼 언제 감정 뇌가 재빠른 작용을 하게 될까? 사람들은 자신의 의견과 반대되는 주장을 들으면 감정 뇌가 활성화된다.

〈내 생애 가장 아름다운 일주일〉이라는 영화의 한 장면에서 감정의 뇌가 이성의 뇌를 짓누르는 장면을 볼 수 있다. 평소 육두문자를 남발하는 마초 같은 강력계 형사와 당당한 페미니스트로 등장하는 여의사가 TV 토론을 하는 장면이다. 토론 중 이들이 서로 반박하는 장면을 보자. 강력계 형사(황정민)는 'TV나 영화를 보고 일어나는 모방범죄가 늘어나고 있다. 따라서 이러한 영상물들을 줄여야 한다'는 주장을 하고, 여의사(엄정화)가 이에 반박한다.

형사: 어제는 어떤 중삐리가 도라이버로 옆 반 놈 찔러 가지고, 잡혀 왔는데 "니 왜 그랬어?" 했더니 "마이 묵읏따 아이가" 할 때까지 찌르라고 그랬대요. 꼴에 교회 다닌다고 십자 도라이버로 찔렀어요, 허 참.

의사: 그렇다면 조폭 영화가 조폭을 만든단 얘긴데. 그럼 경찰영화 본 사람들은 다 경찰 되나요? 형사님은 형사 영화 보고 형사 되셨어요? 아까도 말씀드린 것처럼, 사람의 정신세계는 그렇게 단순한 게 아니거든요.

형사: 그뿐인 줄 알아요? 에? 올드보인가 그거 보고 망치 들고 패싸움해가지고 한 명 대가리 깨져가 디지고, 또 한 명은 빨대 끼고 앉아 있고… 콧구녕에. 아무튼 애들 심리가 멀 보면 따라 하게 돼 있어요. 특히 그런 아덜은 뇌 구조가 원래 그렇다니까!

의사: 이것 보세요, 제가 신경정신과 의사예요. 에? 아니, 당신이 멀 알아? 머가 근거도 없이 뇌 구조가 그렇고, 머가 보면 그런 심리가 생겨? 오히려 영화가 그런 현실을 모방하는 거죠? 안 그렇습니까?

형사: 그거는 당신이 책으로만 많이 봐서 그런 거고, 현실은 그렇지가 않아요. 에? 그러면 젖소부인 바람 폈네 보고 성형 붐이 일어난 건 어떻게 설명할 건데? 내 말 맞잖아! 보면 따라 하는 거.

의사: 그걸 보고 무슨 붐이 일어? 확인해봤어? 볼 것도 없드만.

형사: 많이 본 거 같은데?

의사: (어이없다는 듯이) 예를 들어도 어떻게. 참….

MC: 자 이번엔 변 신부님께서도 한 말씀 해주시죠.

형사: 잠시만요….(점점 흥분된 상태로) 그러니까 표현의 자유를 빌미

로 막 찍어서는 안 된다는 거야. 막말로 돈 벌라고 막 찍는 거 아

나? 덕분에 누구는 삥이 치고, 지들이 당해봐야 돼, 지 가족들

이 당해보면은 문화고 나발이고 그런 말 못한다니까

의사: 구더기 무서워서 장 못 담그나? 아 그러면 영화는 멀로 찍나요?

형사: 이 양반이 지금 보자 보자 하니까. (…)

결국 형사는 자리에서 벌떡 일어나서 "저 가시내, 머 저런 게 다 있

노?"라고 소리를 지르며, 토론이 엉망이 된다.

토론을 할 때에는 서로 다른 주장을 가진 사람이 대화를 하게 된다. 자연히 나의 주장이 맞고 상대의 주장이 틀렸다고 하게 된다. 그러다 보면 상대를 공격하게 된다. 이때 공격받은 감정의 뇌는 활성화된다. 양쪽은 흥분하게 되고 어느새 동물과 동물(포유류의 뇌)끼리 싸우는 모습을 보인다. 그러나 위의 형사처럼 흥분하면 논쟁에서 패배하게 된다. 인간 대 인간으로서 대화하기 위해서는 이성의 뇌를 활성화해야 한다.

이성의 뇌를 활성화할 방법은 무엇일까? 주장이 아닌 사실을 제시하는 것이다. 그래야 이성 뇌가 자극된다. 팩트를 근거로 대화를 하다 보면 이성 뇌가 움직이기 시작해 고래고래 소리 지르지 않고도 논리적인 대화가 가능하다.

2014년 추석에 맞춰 슈퍼문이 뜬다는 뉴스가 있었다. 달과 지구의 거리가 가까워져 달이 평소보다 더 크게 보인다는 것이다. 나는 잔뜩 기대를 하고 소원을 빌며 보름달을 보았다. 실제로 내가 본 보름달은 평소보다 크고 밝아 보였다. 커다란 달은 왠지 소원을 더 잘 들어줄 것 같은 생각이 들었다.

그러나 천문학자들은 실제 관측할 때 정말 보름달의 크기가 다른지 구별하기 어렵다고 말한다. 그리고 보름달이 다른 보름달보다 크다고 느끼는 것은 일종의 착시 현상일 가능성이 높다고 한다. 슈퍼문이 아닌 평소에도 달이 하늘 한가운데 있을 때는 비교할 대상이 없는 반면, 지평선 가까이에 있을 때는 나무나 건물 등에 비교해서 보이기 때문에 커 보인다는 것이다.

슈퍼문이라고 의식하고 봐서 그런지 내 눈은 착시를 일으켜 더 큰 달을 보았다. 사람의 기대에 따라, 그리고 주변 환경에 따라 우리의 눈은 세상을 다르게 본다. 내가 본 것이 옳을 수도, 상대가 본 것이 옳을 수도 있다.

한 사물을 보는 눈이 이렇게 다른 것처럼 각자의 생각도 다 다르다. 가치관, 살아온 환경, 직업, 유전적 요인 등이 다 다르기 때문에 같은 상황을 보고도 다른 해석을 하는 경우가 많다. 그래서 사람마다 주장이 다를 수밖에 없다. 이렇게 다른 사람들끼리 모여서 토론을 하면 각자 자기 입장에서만 주장을 펼치게 된다. 합의점을 찾기가 쉽지 않다. 주장을 가지고 대화를 하다 보면 감정적이 될 수밖에 없다. 그래서 우리나라 토론 프로그램을 보면 주장만 반복하다가 목소리가 커지고 감정싸움으로 끝나는 경우가 많다. 감정에 휘말리지 않고 이성적으로 대화하기 위해서는 말하는 이와 듣는 이의 합의된 기준이 필요하다. 주장보다는 사실이 좀더 구체적이고 명확한 기준으로서 작용할 수 있다. 명확한 기준이 없을 때 입장에 따라 같은 말이 어떻게 해석될 수 있는지 알아보자.

드라마 〈미생〉에서는 똑똑한 신입사원 안영이의 이야기가 나온다. 안영이가 속한 영업팀에서는 몇 년 동안 계류된 기획안이 있다. 팀장은 안영이에게 그 기획안이 재무팀에서 통과되지 못한 이유를 알아오라고 한다. 아무리 기획서를 들여다봐도 알 수 없었던 안영이는 재무팀장을 찾아간다. 재무팀장은 재무팀 입장에서 보고서를 써오라고 지시하고, 안영이는 동기 사원인 장그래의 말, '설득은 상대방 입장에서 무조건 되게 하는 것'에 힌트를 얻어 재무팀장에게 이렇게 보고한다.

"같은 기획서라도 각 부서의 입장에 따라서 해석이 달라질 수 있음을 알게 되었습니다. '가능성이 있다'는 영업부서의 말은 재무부서에게는 '좀더 따져봐야 한다'는 뜻으로 이해될 수 있고, 또한 '긍정적인 반응'이라는 말은 '지금 아무것도 결정된 게 없다'라고 읽힐 수도 있다는 것을 배웠습니다."

한마디의 말이 말하는 이와 듣는 이의 입장에 따라서 다르게 해석될 수 있다. 내가 하는 말을 상대가 나와 똑같이 이해할 거라는 기대는 버려야 한다. 이렇게 의견이나 주장은 관점에 따라 다르게 들리기 때문에 의견이 아닌 사실로 전달할 때 오해의 소지를 줄일 수 있다.

나는 커뮤니케이션 강의 시에 팀을 구성해 게임을 진행하기도 한다. 팀원 한 명은 그림을 그리는 화가 역할, 나머지는 그림을 설명하는 역할이다. 미리 그림을 한 장 준비해서 설명자에게 보여준다. 그리고 팀으로 돌아가서 화가에게 말로만 묘사하라고 한다. 화가는 설명자의 말만 듣고 그림을 그리고, 게임이 끝나고 원본 그림과 비교해본다. 모든 팀이 같은 그림을 보고 완성했으니 모두 같은 그림이 나와야 하지만, 팀마다 각기 다른 그림이 나온다. 그리고 화가 역할을 맡았던 사람들은 팀원들이 말로 설명한 그림이 저게 맞느냐며 대부분 원본 그림을 보고 많이 놀란다. 화가에게 그림을 그리면서 어떤 점이 가장 어려웠느냐고 물어보면 "팀원들이 설명하는 게 다 다르다", "설명자가 생각하는 집의 모양과 내 머릿속 집의 모양이 다르다"라고 답한다. 심지어는 똑같은 것을 보고도 어떤 이는 고양이라고 하고, 어떤 이는 곰이라고 표현하기도 한다.

분명히 그림은 하나다. 그런데 하나의 그림을 보고도 설명하는 사람들의 말이 모두 다른 이유는 무엇일까? 그림이 언어로 바뀌는 순간, 머릿속에서 추상화되기 때문이다. 사람들은 눈으로 그림을 보고 머리에서 사진을 찍듯 기억한다. 그렇지만 그 기억이 정확하게 지속되지도 않을뿐더러 그림이 언어로 바뀌는 순간 기존의 지식과 경험 등이 개입해 저마다의 단어들로 바뀌어 출력된다.

이렇게 같은 것을 보고도 다른 해석을 하는 것이 인간이다. 대화할 때 개인의 경험과 가치관이 개입되기 때문에 말하는 사람의 의도가 정확히 전달되지 않을 수 있다. 그래서 최대한 명확하고 구체적으로 말해야 한다. 사람들의 생각은 모두 다를 수 있지만, 사실은 단 하나다. 그래서 사실은 명쾌하다. 관념적이고 추상적인 생각을 사실은 구체적이고 명확하게 바꾸어준다.

오즈는 자신이 마법사가 아니라는 사실을 도로시와 친구들에게 들킨 후, 에메랄드 시에 대해 설명을 하기 시작한다.

"이곳에 푸른 들판이 많고 아름다워서 나는 에메랄드 시라고 부르기로 했지. 그 이름에 걸맞게 난 모든 사람에게 녹색 안경을 씌워 모든 것이 녹색으로 보이게 했어."

"하지만 이곳의 모든 것이 녹색 아닌가요?"

도로시가 물었다.

"아니야, 다른 도시와 다를 바 없어. 녹색 안경을 썼기 때문에 보는 것이 모두 녹색으로 보일 뿐이야. (…) 나의 시민들은 녹색 안경을 오랫동안 쓰고 있어서 대부분 진짜로 에메랄드 시의 모든 것은 녹색이라고 생각해."

오즈가 대답했다.

녹색 대리석, 녹색 유리창, 녹색 레모네이드 등 모든 것이 녹색으로 보였던 에메랄드 시는 실제로는 녹색이 아니었다. 녹색 안경을 쓰고 있었기에 녹색으로 보였을 뿐이다. 녹색 안경은 에메랄드 시를 있는 그대로 보는 것을 방해한다. 심지어 녹색 안경에 익숙해진 사람들은 오즈가 마법사가 아니라 평범한 사람이라는 것을 눈치채지 못했다. 안경을 벗어야 제대로 볼 수 있다. 어찌 보면 사람들은 각자의 안경을 쓰고 세상을 바라보는 것이 아닌가 싶다. 그래서 대화와 토론이 잘 안 되는 것인지도 모른다.

녹색 안경을 벗고 에메랄드 시를 제대로 바라볼 수 있을 때, 진짜 설득은 시작된다. 나만의 가치관, 나만의 주장은 녹색 안경이다. 이 녹색 안경을 벗을 수 있도록 노력해야 하고, 그래야만 로고스로 타인들에게 합리적이고 논리적인 설득을 할 수 있게 된다.

대화를 가두는 틀

퇴근하고 돌아온 남편. 들어오자마자 양말을 벗어 현관 앞에 돌돌 말아 던져놓고 방으로 들어간다.

아내는 남편을 따라가며 말한다.

"당신 또 그러네? 몇 번을 이야기해야 해? 양말 하나 제대로 못 벗어놔? 대체 언제 바뀔 거야? 당신은 내 이야기 귓등으로도 안 들지?"

"아휴, 또 잔소리야?"

가정에서 많이 볼 수 있는 장면이다. 이 대화는 양말을 세탁기에 곱게 넣는 것으로 끝나지 않는다. "왜 맨날 잔소리냐", "당신은 왜 바뀌지 않느냐" 등 서로를 비난하는 목소리가 높아지며 싸움으로 끝나는 경우가 많다.

우리는 보통 상대의 행동을 바꾸고자 할 때 '너'를 주어로 사용한다. 'You-Message' 또는 'you-statement'라고 하는 '너-전달법'이다.

"(너) 집 좀 치워."

"(너) 지각 좀 하지 마."

"(너) 도대체 왜 그래?"

그러면서 내가 원하는 방식대로 행동하라고 이야기한다. 그런데 상대는 그런 말을 듣고도 행동을 쉽게 바꾸지 않는다. '너-전달법'은 '~해라'라는 지시어와 함께 사용되는 경우가 많다. '네가 틀렸어. 네가 잘못했어. 그러니 내 말 들어'라는 말로 전달될 가능성이 높다.

이처럼 '너'가 주어인 명령어를 들으면 상대가 자신을 공격한다고 느껴져 감정이 상하게 된다. 공격받은 사람은 당연히 방어하게 되고, 방어의 말은 또 상대를 비난하고 공격하는 성격이기 십상이다. 인간은 공격당하면 본능적으로 두 가지 반응을 보인다. 맞받아쳐 공격하거나 도망가는 반응이다. "너 대체 왜 그래?"라는 말에 "너나 똑바로 해!"라고 답하거나, 아예 무시하고 대답하지 않으며 상황을 회피하는 반응으로 나타난다. 이래서는 관계만 나빠질 뿐, 말하는 이의 목적을 달성하기는 어렵다. 설득의 궁극적인 목적은 상대의 행동을 변화시키는 것이다. 말하는 방법만 조금 바꿔도 상대가 행동하기 쉬워진다.

상대의 행동을 바꾸라는 주장을 제시하면 상대가 쉽게 받아들이지 않기 때문에 내 생각이나 주장을 특정한 틀에 담아 말해야 한다. 그 틀을 커뮤니케이션 전문가들이 '대화법'이라는 것으로 구체화해놓 았다. 대화법 중에 말하는 이의 관점이나 입장을 '사실'로 전달하는 방법이 있다. 주장을 전달하면 상대를 비판할 수 있기 때문에 사람에 대한 책망이나 비판은 접어두고, 말하고자 하는 '문제' 자체에 집중하 게 하는 전달법이다. 이를 'I-Message', 즉 '나-전달법'이라고 한다. 주장하고자 하는 문장의 주어를 '너'에서 '나'로 바꾸는 방법이다. "당 신의 이러한 행동으로 나는 이러한 감정을 느낀다"라고 주어를 바꾸 어주면 된다. 타인을 평가하는 것이 아니라 실제 일어나고 있는 사실 과 이때 느끼는 자신의 감정을 표현하는 것이다. 주어를 바꾸어 문장 을 만들면 상대의 행동을 좀더 객관적으로 볼 수 있다.

나-전달법도 제대로 표현해야 한다. 3단계 표현방법을 알아보자.

첫째, 상대의 행동을 객관적인 사실로 진술한다. 상대방이 담배를 끊게 하고 싶다면, 먼저 상황에 대한 객관적인 관찰이 필요하다.

"요즘 담배를 매일 한 갑씩 피우네."

둘째, 그 행동이 미치는 구체적인 영향을 말한다.

"얼굴이 더 피곤해 보여. 당신 건강이 상할 것 같아."

셋째, 그 결과 때문에 느끼는 나의 감정을 이야기한다.

"그래서 난 걱정돼."

한 문장으로 표현하면 다음과 같다.

"요즘 담배를 하루에 한 갑씩 피우네. 그래서 얼굴이 더 피곤해 보여. 당신 건강 상할까 봐 걱정돼."

너-전달법 표현인 "담배 좀 끊어. 매일 그렇게 피워대니 얼굴이 그 꼴이지!"보다 훨씬 부드럽지 않은가? 부드러움을 넘어서 애정이 담겨 있는 듯하다.

양말을 아무 데나 벗어놓는 남편에게 나-전달법의 3단계를 활용하여 말해보자.

> 아내: 당신, 양말을 현관 앞에 뒤집어서 벗어놓았네. 당신이 아무 데나 벗어놓은 양말을 보면 내 속이 너무 상해. 내가 한 말을 귀담아들어 주지 않는 것 같아서. 다음번엔 양말을 벗어서 세탁기에 넣으면 내 기분이 참 좋을 것 같아.
>
> 남편: 응, 그러네. 노력할게. (양말이 뒤집어진 채로 세탁기에 넣으려 한다)
>
> 아내: 그대로 세탁기에 넣으면 깨끗하게 빨아지지 않을까 봐 걱정되네. 내가 다시 뒤집으려면 번거롭고.
>
> 남편: 아, 미안. (양말을 뒤집어서 세탁기에 넣는다.)
>
> 아내: 내 말 들어줘서 고마워.

전달법을 바꾸니 상대의 행동이 바뀌었다. 물론 현실에서 늘 이 문제로 투닥거리던 부부가 한 번 '나-전달법'을 사용했다고 해서 바로 행동이 바뀌지는 않을 것이다. 사람에게도 관성의 법칙이라는 것이 적용된다. 늘 하던 대로 해야 하는데, 아내가 갑자기 표현법을 이렇게 바꾸면 남편의 반응은 어떨까? 아마도 이렇게 나올 것이다 "당신 왜 그래? 어디 아파?" 아니면 "뭐 잘못 먹었어?"라고 말이다. 그렇게 되면 표현법을 바꿨던 아내는 이렇게 생각하게 된다. '저 인간이 그럼 그렇지. 바꾸긴 뭘 바꿔, 하던 대로 할 수밖에….'

인간은 변화를 싫어한다고 했다. 표현법을 바꾸는 나도 힘들지만, 나의 변화를 받아들여야 할 사람에게도 시간이 필요하다. 적응할 시간 말이다. 그러니 한두 번 해보고 안 된다고 하는 것은 시기상조다.

'나-전달법'은 앞에서 보았듯이 '너-전달법'보다 훨씬 문장이 길다. 사람들은 '이미 복장이 터지는데 언제 저렇게 길게 말하고 있느냐'고 묻는다. 게다가 이런 방식으로 말해본 적이 드물기에 어색하고 불편하다. 그러나 상대를 비난하는 명령어는 아무리 반복해도 상대의 행동을 바꿔놓지 못한다. 우리 친정만 봐도 엄마는 30년째 아빠한테 양말 좀 제대로 벗어놓으란 말을 반복하고 있다. 그러나 아빠의 행동은 바뀌지 않는다.

대학생 시절 부모님이 정해놓은 나의 통금 시간은 10시였다. 집에서 학교까지는 한 시간 반이 걸렸다. 학교 앞 술집에서 술을 마시다가도

8시 반에는 나서야 10시까지 집에 들어갈 수 있었다. 대학생이 되어신 나게 놀아보고 싶었던 나에게 이 통금 시간은 처음부터 불가능한 수준이었다. 나는 처음에는 10시를 맞추려 노력했지만 시간이 갈수록 점점 늦어져 11시, 12시, 심지어는 막차를 타고 집에 들어가곤 했다. 엄마는 내가 늦으면 전화로 "언제 올 거냐, 빨리 들어와라" 종용하셨다. 나는 처음엔 "엄마, 미안해. 좀 늦을 거야"라고 답했지만 나중엔 전화를 아예 받지 않게 되었다.

전화도 피하고 늦게 들어가면 나도 마음이 무겁다. 부모님께 죄송한 마음이 들고, 기다리고 계실 엄마를 생각하면 집에 가는 길이 얼마나 초조한지. 그래서 '엄마 얼굴을 보자마자 죄송하다고 해야지'라고 결심하고 집의 초인종을 누른다. 그런데 엄마의 화난 표정과 함께 쏟아지는 말을 듣는 순간, 그런 마음은 싹 사라진다.

"엄마가 10시까지 들어오라고 했지? 너 대체 왜 말을 그렇게 안 들어? 밖에서 뭐하고 돌아다니길래 전화도 안 받아? 언제까지 그렇게 술 먹고 돌아다닐 거야?"

이런 말을 들으면 나도 좀 억울하다.

"좀 늦을 수도 있지. 내가 밖에서 나쁜 짓 하고 다니는 것도 아니잖아. 나도 고민이 많아서 술 마시는 거야. 엄마는 아무것도 모르면서 왜 맨날 화만 내?"

이렇게 시작된 대화는 말다툼으로 번지고 각자 방으로 문을 쾅 닫고 들어가면서 대화는 끝난다. 나와 엄마는 전형적인 '너-전달법'을 사용했다. 당시 '나-전달법'을 사용했더라면 좀더 나은 대화가 될 수 있었을 것이다.

"연락도 없이 10시가 넘어도 집에 들어오지 않으니(사실)

무슨 일이 있나 싶어 걱정도 되고 화도 났어.(영향, 감정)"

여기에 부탁이나 바람을 더하면 좀더 명확한 표현이 된다.

"다음부턴 늦을 것 같으면 미리 전화라도 해주렴.(바람)"

여기에서 중요한 것은 첫 번째 단계에서 상대의 행동을 사실로 서술해야 한다는 점이다. 상대를 비난하는 단어들은 제외해야 한다. "야, 너 왜 그렇게 늦어?"라는 말에는 감정이 섞여 있다. 최대한 감정이 자제된 단어를 사용하는 것이 좋다.

이렇게 주장이 아닌 사실로 표현하면 상대의 반발을 줄이는 효과가 있다. 상대 역시 공격하거나 회피하지 않고 의견을 받아들여 행동하게 한다. 다시 한 번 기억하자. 설득은 상대의 마음과 행동을 변화시키고자 하는 것이지, 나의 감정을 쏟아내기 위함이 아니다.

설득에는
기승전결이 필요하다

마법사를 만나 뇌를 얻을 수 있으리라 기대했던 허수아비, 허수아 비가 갈망했던 '뇌'는 바로 자신을 바보라고 말하는 사람들의 평가에 서 벗어나게 하는 중요한 도구다. 똑똑한 존재가 되고 싶었던 것이다. 더 나아가 지식과 지혜에 대한 갈망이라고 표현할 수 있다.

2014년 대한민국 인구의 3분의 1 이상이 관람한 영화가 있다. 차원 을 넘나드는 스토리를 다룬 〈인터스텔라〉라는 영화다. 전 세계를 통 해 이 영화가 거둬들인 수익의 절반이 한국에서 나온 거라 한다. 외 국에서는 이 영화에 대한 우리나라 국민의 반응에 놀랍다는 기사가 나오기까지 했다. 물론 나도 영화를 관람했다. 전 국민의 반 가까이가 본 영화인데 그 대열에 빠질 수 없다는 마음으로 말이다. 영화를 보는 내내 나는 지루해서 몸을 비틀었다. 한 편의 다큐멘터리를 보는 느낌이었다. 영화를 즐겼다기보다는 장면마다 숙제하는 학생이 된 기분이었다.

우리나라에서 이 영화가 성공한 요인을 한국 엄마들의 교육열이라고 말하는 사람도 있다. 한 문화평론가는 이 영화를 보고 나오면서 황우석 사태가 떠오른다고 했다. 황우석 사태 때 전 국민이 줄기세포에 대한 탐구욕에 불타 있었고, 전문가도 놀랄 정도의 전문지식 수준을 보이는 사람들이 주변에 넘쳐났던 현상을 언급하면서, 이러한 우리 민족의 특징적 현상이 〈인터스텔라〉에서도 드러나는 느낌이라는 것이다. 이 말에 전적으로 공감했다.

한국 엄마들의 교육열은 이미 전 세계적으로 알려져 있다. 아이의 교육을 위해 강북 탈출, 강남 입성을 하는 엄마들도 많다. 그만큼 지적인 욕구가 큰 민족이라는 것을 입증한다. 전쟁 직후 먹을 것이 없어도 자녀들의 교육을 위해 희생했던 이야기는 너무나 잘 알려진 역사적 사실이다. 고학력의 버블 현상이 나타난 지도 오래다. 아마도 우리 민족은 뇌를 원했던 허수아비와 닮은 것 같다.

우리가 누군가를 똑똑하다고 말할 때는 그 사람의 지적 수준과 그 지식을 논리정연하게 표현하느냐를 가지고 말하는 경우가 많다. 아리스토텔레스가 말한 설득의 세 가지 요소 중 전문지식을 쌓는 것과 그 것을 논리정연하게 표현하는 것은 로고스에 해당한다. 에토스와 파 토스를 잘 활용하여 상대에게 호감과 신뢰를 쌓았다 하더라도, 말하 는 내용이 얼토당토않다면 상대를 설득하기는 어렵다. 내가 생각하 는 바와 주장을 논리라는 반듯한 길 위에 세워놓지 않으면 상대는 내 말을 한 귀로 듣고 흘려버릴 것이다. 아니면 "저 사람은, 사람은 정말 괜찮아"라는 평만 듣게 될 수도 있다.

상대를 설득하기 위해서는 먼저 호감을 주고 신뢰를 높여놓은 상 태에서 상대의 욕구를 잘 들어주고 파악하여 마음을 움직이게 하 는 과정이 있어야 한다. 이렇게 형성된 설득의 토대 위에 마지막으로 상대의 이해관계를 충족시킬 수 있는 전문성과 논리력이 뒤따라야 한 다. 집을 아무리 멋지게 지었다 하더라도, 가구 정리나 청소도 해놓지 않은 채 집들이를 할 수는 없다. 에토스가 높은 메신저가 파토스로 상대의 감정과 마음을 동하게 한 뒤, 마지막으로 화룡점정과 같은 로 고스가 뒤따르지 못하면 설득은 지속되지 않는다. 논리로 정리를 해 야 한다.

이러한 프로세스는 계단과도 같이 정확한 과정을 거치는 것은 아니 다. 상호작용의 밀도와 정도에 따라 선순환의 과정을 거치게 된다. 에 토스, 파토스, 로고스가 꼬리에 꼬리를 물고 설득의 과정에 영향을 행사하는 것이다.

논리는 합리적인 정신활동이다. 논리적으로 타당하지 않은 말은 어떤 미사여구로 장식해도 설득력이 떨어진다. 설득력을 갖추려면, 그래서 논리를 알아야 한다. 논리력을 갖춘 말은 그 자체로 자기 완결성을 가진다. 어찌 보면 우리 뇌가 일관성을 유지하려는 것도, 논리가 합리적인 정신활동이 될 수밖에 없도록 하는 것이다.

설득력을 갖춘 논리를 내세우려면, 두 가지에 유념하여 사고를 정리해야 한다. 첫째는 자신이 말하고자 하는 내용을 어떤 순서로 배치하느냐이고, 둘째는 주장하고자 하는 내용이 설득력이 있음직하게 표현하느냐다.

듣는 사람 또는 보는 사람의 입장에서 설득력이 있다고 느끼게 하는 순서는 우리가 어릴 때부터 많이 들어왔던 구조다. '머리말 – 진술부 – 논증부 – 맺음말'이 바로 그것이다. 이러한 구조로 짜인 글이나 연설을 들으면, 우리 뇌는 논리적이라고 느낀다. 그래서 메신저의 주장에 동의하게 된다.

직장에서 작성되는 기획서가 대표적인 예라고 할 수 있다. 논리적으로 잘 짜인 구조의 기획서를 보면, 프로젝트를 추진하게 되는 배경이 머리말에 해당한다. 진술부는 프로젝트를 수행하고자 하는 목적이라고 보면되고, 논증부에서는 프로젝트의 목적을 달성하는 방법들이 진술된다. 마지막으로 맺음말 부분에서는 이러한 방법으로 프로젝트를 진행했을 때 예상되는 성과가 제시된다.

제안서도 마찬가지다. 머리말에서는 제안서를 볼 사람의 관심을 유도할 만한 전체적인 배경 설명이 들어가야 하고, 이러한 배경으로 인해 왜 제안서를 채택하여야 하는가에 대한 진술이 뒤따라야 한다. 그리고 구체적인 방법들과 그로 인한 상대의 이익을 제시하는 것으로 마무리를 지어야 한다.

이 구조는 강사들이 강의안을 만들 때도 활용된다. 강의안은 청중을 설득하는 내용이다. 따라서 앞에서 언급했던 설득의 프로세스를 그대로 반영해야 한다. 머리말에 해당하는 도입부에서는 청중을 집중시키고 공감을 이끌어낼 수 있는 내용이 포함되어야 한다. 진술부에서는 강의 주제, 강사가 청중에게 변화를 일으키고 싶은 내용을 말하고, 논증부에서는 자신의 주장을 뒷받침할 수 있는 여러 가지 예가 포함되어야 한다. 마지막 맺음말에서는 앞에서 말했던 자신의 주장을 다시 한 번 정리하고 청중의 마음을 움직일 수 있는 말로 마무리한다.

취업 준비생들을 위한 강의를 위해 작성한 나의 강의안을 예로 살펴보자.

강의 제목: 면접관을 설득하라		
구분	내용	비고
도입부	면접 트렌드	관심과 집중 유도하기
진술부	면접관 설득 방법	주장 제시
논증부	면접 실패 유형, 성공 사례	논거 제시
맺음말	보라색 소 이야기	파토스 활용

이 강의안은 교육생들로 하여금 면접관을 설득하는 방법을 주요 내용으로 담고 있다. 우선 도입부에서는 현재 면접을 준비하는 사람들의 일반적인 상황을 이야기하기 위해 면접과 전혀 상관없는 만 원의 만찬으로 시작한다. 면접에 대한 이야기가 아니라, '만 원을 가지고 맛있는 한정식을 선택할 것이냐 아니면 죽 한 그릇을 먹을 것이냐?'라고 질문을 던지면서 강의를 시작한다. 그러면 청중은 의아해하면서 '무슨 이야기를 하는 거지?'라고 생각하며 강사의 말에 귀를 기울이게 된다. 이것이 바로 파토스를 활용하는 전략이다. 대부분의 강사는 강의 초반에 청중과의 교감과 이목 집중을 위해 이런 부분을 반드시 포함하고 있다.

본격적으로 진술부에 들어가면, 면접관을 설득하기 위한 구체적인 방법을 이야기한다. 면접관을 설득하기 위해서는 두 가지 분야로 준비해야 한다는 내용을 담는다. 첫 번째는 면접 스피치의 내용, 즉 콘텐츠를 위한 자신만의 경험을 찾아서 준비해야 함을 강조한다. 자신만의 독특한 에피소드를 잘 찾아야 하는데, 에피소드는 반드시 거창하거나 큰 고통을 겪어야만 하는 것은 아니라고 언급한다. 소소한 일상의 경험이지만, 그 안에서 자신만의 의미와 가치를 찾아낸 거라면 어떤 경험도 가능함을 말한다. 준비해야 하는 나머지 하나는 면접장에서 지원자의 태도다. 어떻게 해야 좋은 결과를 낼 것인가에 대해 구체적인 방법을 제시한다.

그다음 순서로 논증부에 해당하는 부분에서는 실제 면접에 성공한 사례를 들어 진술부에서 말한 내용을 다시 강조한다.

엔딩 부분에서는 앞에서 한 내용을 간단히 다시 언급한다. 그리고 청중의 마음을 움직일 수 있도록 감동적인 멘트로 마무리함으로써 여운을 남게 한다.

이와 같은 논리적 구조는 우리가 학창 시절 논술시험을 대비하기 위해 배우고 연습했던 구조다. 대표적인 예가 바로 신문의 사설이나 칼럼이다. 사설이나 칼럼은 불특정 대중을 상대로 하는 글이므로 대다수가 받아들이기 쉬운 논리구조를 갖추어 작성되어야 한다. 다음 글은 2015년 3월 16일 자 〈한국일보〉에 실린 한인섭의 칼럼이다.

반세기 전인 1965년에 시골 초등학교에 입학했다. 보릿고개가 실감 나던 후진국 때다. 점심시간에 전교생이 빈 도시락통을 들고 줄 서서 가마솥에 끓인 강냉이죽을 타 먹었다. 한 번 더 타 먹으려고 다시 줄을 섰다가 들켜 꿀밤 맞는 아이도 있었다.

4년 뒤 대도시로 전학을 갔다. 거기선 강냉이죽이 아니라 부풀린 옥수수빵과 우유가 급식으로 나왔다. 몇 명에게만 돌아갈 몫이었다. 담임 선생이 가난한 학생들을 특정해서 그들에게만 빵과 우유를 제공했다. 내 가정 형편상 옥수수빵을 타 먹는데, 시골에서 강냉이죽을 먹을 때 와는 분위기와 느낌이 무언가 달랐다. 한편에 찜찜함이 남았는데, 아마도 가난의 "낙인"이 소리 없이 목구멍에 걸리는 기분이었다고 할까. 그런 찜찜함 탓인지, 학교 무상급식추진은 무척이나 반가운 처방이다 싶었다. (…) 그런데 무슨 정치적 꿍꿍이속인지 학교급식이 새롭게 정치 쟁점화하고 있다. 심지어 경상남도는 무상급식을 중단하는 조례까지 통과시키는 지경에 이르렀다.

우선 개념부터 바로 세우자. "무상급식"이라니까 세상에 공짜가 어디 있느냐고 따진다. 일리가 없지 않다. 그런데 의무교육을 실현할 책임은 바로 국가에 있다. 의무교육을 제대로 하려면 공부와 함께 밥도 의무적으로 챙겨줘야 한다. 의무입대하는 군인들에게 피복과 식사는 당연히 지급되듯이 말이다. 의무교육제도하의 학교급식은 "무상급식"이 아니라 국가의 지급의무가 수반되는 "의무급식"이다. 학생들에게 식사는 교육을 위한 전제이고, 그 자체가 교육의 일부이기도 하다. 그러니 기본교육의 일부로서 "기본급식"이다.

(…)

홍준표 경남도지사는 심지어 "학교는 공부하러 가는 곳이지 밥 먹으러 가는 곳이 아니다"라는 언사까지 예사로 한다. 세상의 모든 엄마는 그와 다르다. 엄마는 자녀가 귀가하면 오늘 밥 잘 먹었느냐부터 묻는다. 성적 갖고 야단치다가도 밥은 반드시 챙긴다. 학교에서 점심은 위장을 채우는 시간이 아니라, 친구들과 환담이 오가는 소중한 교육 시간이다. 대통령은 국민 밥 챙기기, 도지사는 도민들 밥 챙기기부터 제대로 해야 한다. 사람 살림의 대본(大本)인 밥 먹는 것의 소중함과 교육적 가치도 모르는 자는 행정지사의 자격이 없다. (…) 자고로 아이들 밥그릇 갖고 장난치는 게 아니다.

2015년 2월 초, 해마다 13월의 월급이라 했던 연말정산이 세금폭탄으로 다가왔다. 이를 기점으로 증세에 대한 반감이 높아지고, 무상급식에 대한 논란도 다시 점화되었다. 박근혜 대통령의 대표 공약이었던 증세 없는 복지가 정말 공약뿐이었음을 입증하고 있다. 이러한 상황에서 복지를 축소해야 하고 돈 있는 집 아이들까지 밥을 먹여야 하느냐는 정치권의 주장에 대해, 한인섭 칼럼니스트는 자신의 주장을 논리정연하게 말하고 있다. 이 사설에서 주장하는 내용은 '학교에서 제공하는 급식은 무상급식이 아니라 '의무급식'이라는 것이다. 우선 도입 부분에서는 못살던 과거 시절 학교에서의 점심시간을 그려내며, 선별적으로 무료급식을 먹었던 자신의 경험을 드러냄으로써, 읽는 사람들로 하여금 무상급식제도가 정말 필요하다는 동의를 이끌어내는 파토스적 접근을 보이고 있다.

자신의 주장을 제시하는 부분인 진술부에서는 무상급식이라는 개념 자체를 부정하고 있다. 내 주장에 대한 반박을 애초에 나오지 않게 하는, 전제를 부정하는 방식이라고 할 수 있다. 개념 자체가 잘못되었다는 것이다. 무상급식이 아니라 의무급식이라고 무상급식에 대한 전제를 부정하면서 자신의 주장을 제시하고, 그 주장에 대한 논리적 근거로 군대에서의 의무급식을 예로 들어 논증을 이끌어가고 있다. 자신의 주장에 대한 반박의견을 주장하는 쪽의 논거가 잘못되었음을, 단순히 밥을 먹는 것이 아니라 교육이라는 큰 틀에서 아이들의 자존감을 높이는 일이 의무급식임을 강조한다.

맺음부로 접어들면서는 엄마의 마음, 성적을 갖고 야단치다가도 밥은 챙기는 그 마음을 다시 언급하면서 독자들의 마음에 울림을 주는 파토스로 마무리를 짓는다. 이 글을 읽고 난 많은 이들이 SNS상에서 칼럼니스트의 말에 공감한다는 댓글을 폭풍처럼 올렸다. 세수 부족으로 선별복지를 해야 한다는 주장에 맞서는 설득력 있는 논거를 제시했음을 칭찬하는 글들도 수없이 올라왔다. 군더더기 없으면서 설득력을 갖춘 글임을 인정할 수밖에 없는 것이다.

우리가 살고 있는 세상은 너무나 다양한 사람들로 구성되어 있다. 지구상에 단 한 사람도 나랑 똑같은 존재가 없다. 어찌 보면 정말 혼돈, 카오스라 할 수도 있다. 그러나 카오스에도 나름의 질서가 있고 법칙이 있듯이, 수많은 사람의 정신활동 속에도 나름의 규칙과 법칙이 있다. 그것이 바로 논리다. 따라서 많은 사람에게 내 주장을 설파하려면 논리의 길 위에 내 생각을 올려놓아야 한다. 그러기 위해서는 지금껏 살펴본 논리적인 배열 순서와 함께 한 가지를 더 고민해야 한다. 바로 근거를 만들어내는 것이다. 논리적 배열 순서가 숲이라면, 논리에 근거를 제시하는 것은 숲을 이루는 나무라고 할 수 있다.

주장에는
근거가 필요하다

앞서 에토스에서 손석희에 대해 언급한 적이 있다. 나는 손석희만큼 토론을 잘 이끌어가는 언론인을 보지 못했다. 그가 말할 때면 나도 모르게 고개가 끄덕여지고 명쾌함에 무릎을 치게 된다. 그가 가진 에토스 때문이기도 하지만, 차분하게 논리적으로 말하는 로고스에 의한 것이기도 한다.

'손석희' 하면 떠오르는 것이 MBC 〈시선집중〉에서 프랑스 여배우 브리짓 바르도와 벌였던 개고기 논쟁이다. 벌써 10년도 훨씬 더 된 일이지만, 지금도 '브리짓 바르도'를 검색하면 이 논쟁에 관한 페이지가 여럿 보인다. 그만큼 사회적으로 반향이 컸다는 얘기다.

그 논쟁 속으로 들어가 보자.

■ 2001년 11월 28일 〈시선집중〉 브리짓 바르도와의 인터뷰

손석희: 당신의 비판은 문화적인 상대성을 인정하지 못하는 태도가
      아닌지.

바르도: 개고기 식용은 문화가 아니라 야만이다. 아름다운 관습의 나
      라 한국이 개고기를 먹는 것은 이해할 수 없다.

손석희: 한국에는 식용 개와 애완용 개가 따로 있는 것을 알고 있나?

바르도: 먹는 개와 집에서 키우는 개를 구분하는 것은 인종차별이다.
      왜냐하면 개는 동반자요, 인간의 그림자다. 개를 먹는 것은
      식인문화다.

■ 2001년 12월 3일 두 번째 인터뷰

손석희: 브리짓 바르도 씨의 말씀을 듣고 설득당하는 쪽보다는 불쾌
      하게 여기는 반응이 더 많았습니다. 여기에 대해서 어떻게 생
      각하십니까?

바르도: 불쾌하게 생각해도 어쩔 수 없습니다. 나는 나의 전투를 계
      속해나갈 것입니다.

손석희: 한국의 역사나 문화에 대한 지식 없이 개고기를 먹는다는 사
      실 하나만으로 비판한다는 시각이 있습니다. 당신은 한국의
      문화나 역사에 대해서 얼마나 알고 계십니까?

바르도: 한국의 번역된 동화를 읽은 적이 있습니다. 그 동화에서는

많은 남녀가 한국의 전통적인 한복을 입고 있었습니다.

손석희: 인도에서는 소를 먹지 않는다고 해서 다른 나라 사람들이 소를 먹는 것에 대해서 반대하지 않습니다. 이러한 문화적인 차이에 대해서 인정하실 생각이 없으십니까?

바르도: 물론 저는 그러한 문화적인 차이를 인정합니다. 그러나 소는 먹기 위한 동물이지만, 개는 그렇지 않습니다. 한국을 비롯하여 아시아 몇 개국을 제외한 세계 어느 나라에서도 개를 먹지 않습니다. 문화적인 나라라면 어떠한 나라에서도 개를 먹지 않습니다.

손석희: 소를 먹기 위한 나라도 있지만 개를 먹기 위해서 키우는 나라도 있을 수 있습니다. 개를 먹기 위해서 키우는 나라가 소수라고 해서 배척을 받는다면, 문화적인 차이를 인정하지 못하는 것 아닙니까?

바르도: 나는 개를 먹는 사람을 결코 존중해줄 수 없습니다. 아무리 차이점을 인정한다고 해도 거기에 한계가 있습니다. 한국 사람들이 아무리 나를 증오한다고 해도 할 수 없습니다. 이번 12월 15일 축구협회 회장과 함께 회의가 있는데, 나는 그 자리에서 한국의 모든 실상을 고발할 것입니다.

손석희: 알겠습니다. 이 문제로 더 얘기하는 것은 무의미해 보입니다. 프랑스 민영 방송에서 한국 학생이 개고기를 간식으로 싸가

는 장면이 방송된 바 있습니다. 사실을 필요 이상으로 왜곡한 데 대해 프랑스가 사과해야 한다고 보지 않으십니까?

바르도: 그것은 당연한 일입니다. 한국 사람들이 개고기를 계속해서 먹는다면, 그런 식으로 한국인들을 앞으로도 희화화하고 우스꽝스럽게 할 것입니다. 내가 이미 여러분에게 경고했습니다.

손석희: 그렇다면 우리나라 TV에서 프랑스 사람들을 남의 말을 이해하지 못하는 고집불통으로 희화화한다면 어떻겠습니까?

바르도: 마음대로 하십시오. 프랑스에 대해서건, 프랑스 사람에 대해서건, 나에 대해서건 마음대로 말하십시오. 다만 개고기를 먹지 마십시오.

손석희: 한국에서 개고기를 먹는 사람들이 얼마나 된다고 생각하십니까?

바르도: 잘 모르겠습니다. 다만 단 한 사람이 개고기를 먹는다고 해도 그건 불필요한 일입니다.

손석희: 그럼 새로운 사실을 말씀드리죠. 제가 아는 프랑스인은 한국에 와서 개고기를 먹기 시작했습니다. 프랑스인뿐만 아니라 한국에 온 미국인, 독일인 몇 명도 개고기를 먹은 적이 있다고 경험담을 얘기한 바 있습니다. 그리고 그 사람들은 지금도 개고기를 먹고 있습니다. 이것은 사실입니다. 그렇다면 저희는 프랑스 사람, 독일 사람, 미국 사람들의 대다수가 개고기

를 먹을 수 있다고 생각해도 되겠습니까? 즉 이렇게 과장해서 얘기해도 되느냐는 겁니다.

바르도: (매우 화난 목소리로) 그것은 사실이 아닙니다. 프랑스인, 독일인, 미국인들은 절대로 개고기를 먹을 수 없습니다. 그것이 개고기인 줄 몰랐다면 가능한 일이겠죠. 하지만 그것이 개고기인 줄 알았다면 결코 그것을 먹을 수 없습니다. 여러분이 그것은 돼지고기, 소고기라고 얘기했겠지요. 나는 여러분과 더는 인터뷰를 하고 싶지 않습니다. 왜냐하면 거짓말을 하는 사람과는 얘기할 수 없기 때문입니다. 다만 여러분에게 앞으로 어떠한 일이 닥칠지 알게 되기를 바랍니다.

(일방적으로 전화를 끊어버렸다.)

손석희: 브리짓 바르도 씨는 거짓말이라고 했지만 그것은 어디까지나 사실에 기초한 질문이었습니다. 한국인이라면 몰라도 프랑스인, 미국인이라면 결코 개고기를 먹지 않는다는 브리짓 바르도의 강변을 통해서 그녀가 동물애호가라기보다, 차라리 인종차별주의자라는 결론을 얻게 됩니다. 이번 인터뷰는 어디까지나 서로의 문화적 차이를 이해하는 목적으로 기획됐지만, 개고기를 먹느냐 안 먹느냐를 가지고 민족적 차별로 귀결된 점에 대해 안타까움을 느낍니다.

당신의 생각은 어떤가? 개고기를 먹으면 야만적인가? 나는 개고기를 먹지 않는다. 개를 좋아해서 음식으로는 한 번도 생각해본 적이 없다. 그렇다고 해서 개고기를 먹는 사람을 비난하지는 않는다. 더욱이 야만인이라고 생각해본 적은 없다.

브리짓 바르도의 주장은 비논리적이고 말이 안 되는 주장처럼 들린다. 그녀의 주장은 마치 "내가 개를 좋아하니까 당신은 개를 먹지 마"로 들린다. 다시 표현하면 "나는 소고기를 좋아하는데 넌 왜 안 좋아해? 소고기를 안 먹는 넌 야만인이야"라는 말과 다를 바 없다. 어린아이가 엄마 아빠에게 또는 친구에게 떼쓰는 것 이상으로 들리지 않는다. 억지스럽다.

그 이유는 바로 자신의 주장에 대해 그럴듯한 설득력을 지닌 논거를 제시하지 못했기 때문이다.

이 토론에서 브리짓 바르도는 손석희에게 완패했다. 흥분해서 일방적으로 전화를 끊은 것을 보면 알 수 있다. 그녀는 전혀 논리적으로 보이지 않는다.

바르도가 확고한 주장을 가지고 있었음에도 설득력이 없었던 이유는 무엇일까? 어떤 문장에서 바르도의 논리가 무너졌는지 알아보자.

먼저, 손석희와 바르도가 제시한 사실적 근거가 무엇인지 살펴보자.

손석희가 제시한 사실은 다음과 같다.

- 식용 개와 애완용 개가 따로 있다는 사실

- 한국의 문화와 역사에 대한 사실

- 인도에서는 소를 먹지 않지만 소를 먹는 국가를 반대하지 않는다는 사실

- 한국에서 개고기를 먹는 사람이 얼마나 있는지에 대한 사실

- 개고기를 먹는 일부 한국인을 프랑스가 희화화하고 있다는 사실

- 프랑스인, 미국인, 독일인도 개고기를 먹은 적이 있다는 사실

반면, 바르도는 다음과 같은 단 하나의 사실만을 제시하고 있다.

- 한국인은 개고기를 먹는다

바르도의 가장 큰 문제는 주장만 있지 근거가 없다는 것이다. 손석희는 이런 바르도에게 사실적인 근거를 제시하라고 요구한다.

그리고 자신도 주장을 말하기보다는 근거가 되는 사실로 이야기한다. "당신의 주장은 문화 상대주의를 인정하지 못하는 태도입니다"라고, 자신의 생각을 말하지 않는다. 그는 '당신의 문화 상대주의를 인정하지 못하는 태도'를 구체적으로 입증하기 위해 근거에 관한 질문을 사용했다. 논리적 근거가 부족한 사람은 토론에서 논리보다는 감정에 호소하는 전략을 사용하게 마련이다. 그러나 손석희는 질문을 바탕으로 바르도가 감정적으로 대답할 때마다 이성적으로

대화를 주도했다.

한국의 문화와 역사에 대해 알고 있느냐는 질문에 바르도는 '개고 기를 먹으니 야만인이다'라는 주장을 계속할 수는 없다. 질문에 답을 해야 한다. 그러다 보니 한국 동화책 몇 권 읽어봤다는 대답을 할수밖에 없었다. 동화책 몇 권 읽은 것으로 어떤 나라를 이해할 수 있을까? 더욱이 자신이 읽은 책에서 '많은 남녀가 전통적인 한복을 입고 있었다'는 그녀의 독후감은 어떤 메시지를 담고 있는 걸까? 결국 그녀는 한국에 대해 잘 모르고 있다는 사실이 탄로 나 궁지에 몰리게 된다.

개고기를 먹는 사람이 얼마나 되는지 아느냐는 질문에 바르도는 단한 명이라도 먹으면 안 된다고 대답했다. 그 대답은 그녀의 의도와는 다르게 개고기를 먹는 프랑스인이 있다는 손석희의 사실 제시가 좀더 설득력을 가지도록 만들었다.

아마도 손석희는 인터뷰 전에 상대가 제시할 수 있는 주장에 대한 반론과 그 반론을 뒷받침할 수 있는 사실적 근거들을 미리 수집해놓았을 것이다. 상대가 화를 내고 일방적으로 전화를 끊어버리는 순간에도 손석희가 침착함을 유지할 수 있었던 비결은 이렇게 '사실 근거' 로 무장했기 때문이다.

이상에서 알 수 있듯이 모든 논증은 주장과 논거로 구성되어 있어야 설득력을 가진다. 일상에서 흔히 쓰는 말도 마찬가지다. 건강에 대한 관심이 높아지면서 많은 사람이 백미보다는 현미를 찾는다. 우리 집도 마찬가지다. 남편이 고혈압 진단을 받고부터 우리 식구는 백미 식단을 끊고 100퍼센트 현미밥으로 바꿨다. '맛은 백미보다 못하지만 건강에 좋을 거야'라는 믿음을 갖고 6년째 현미 식단을 유지하고 있다. 그런데 이런 흐름에 반대되는 주장이 요즘 나오고 있다. '건강해지려면 현미밥을 먹지 마라'는 주장이다.

현미를 먹지 말라는 것은 현미가 몸에 좋다는 사람들의 기존 상식과는 다른 주장이다. 이때 주장만 들으면 고개를 갸우뚱하게 된다. 현미에 대한 믿음을 가지고 있는 나 같은 사람을 설득하기는 어려운 것이다. 따라서 듣는 사람이 이해할 만한 근거를 제시해야 한다. 사람들은 주장이 아닌 합리적인 근거 즉, 논거에 설득된다.

"현미밥을 먹지 마라. 현미는 소화가 잘 안 되어 위에 부담이 되니까. 최소 입안에서 20번 이상 씹지 않고 그냥 백미를 먹듯이 삼켜버린다면 오히려 위에 부담이 되고, 위에서 분해되지 않고 그대로 장에 내려가 썩게 되어 독소를 방출한다. 그러니 제대로 씹어 먹지 않을 거라면 현미밥은 안 먹는 것이 좋다."

이렇게 말한다면, 적절한 근거에 이제는 고개가 끄덕여지고 주장을 이해할 수 있게 된다. 이 말이 의학적으로 증명이 되었는지 아닌지와는 상관없이 논리력을 갖추게 되는 것이다.

그렇다면 도로시와 친구들의 주장에는 근거가 있을까?

우선 "뇌를 갖고 싶어"라고 이야기하는 허수아비의 주장을 보자. 허수아비는 결핍된 것이 많은 존재인데, 하필 뇌를 갖고 싶다고 주장한다. 이에 대한 논거는 그의 말에서 찾아볼 수 있다.

"오직 뇌만이 세상에서 가질 가치가 있는 것이거든."

"자신이 바보 같다는 느낌은 별로 유쾌하지 못하거든."

"머릿속에 뇌만 있다면 사람과 다를 바 없을 거야."

"바보들은 심장이 있다 해도 그걸로 무엇을 해야 할지 모르거든요."

양철 나무꾼의 주장은 '심장을 갖고 싶다'는 것이다. 여기에도 이유가 있다.

"내가 사랑에 빠졌을 때 난 이 세상에서 가장 행복한 남자였어. 하지만 심장이 없는 사람이 어떻게 사랑을 할 수 있겠니. 그래서 난 오즈에게 심장을 달라고 부탁하기로 한 거야."

이처럼 각자 구체적인 이유를 가지고 있다. 그래서 이들이 원하는 것을 갖겠다며 모험을 떠나는 과정을 지켜보며, 우리는 이들을 이해하고 응원하게 된다.

주장이 설득력을 가지기 위해서는 논거가 확실해야 한다. 모두가 공감할 만한 확실한 논거가 없는 주장은 공격당하기 쉽다. 또한 주장과 논거를 적절히 연결할 수 있어야 상대를 설득할 수 있다. 따라서 설득을 위해서는 먼저 좋은 논거를 찾아낼 수 있어야 한다. 좋은 논거를 먹고 자라난 주장만이 화려하게 꽃을 피울 수 있다.

왜냐고 물어라,
계속해서

책을 읽을 때 우리는 생각하며 읽는다. 좋은 독서법은 저자의 주장을 무조건 받아들이는 것이 아니라, 주장에 대해 의문을 제기하고 나의 경험에 비추어 주장이 맞는지 확인하면서 읽는 것이다. 책을 읽을 때뿐만 아니라 대화를 할 때도 마찬가지다. 그래야 생각의 힘을 키워 논리적으로 사고할 수 있게 된다. 다시 말하면, 말하는 이의 논거를 찾아내는 방법이 필요하다.

그러기 위해서는 세 단계를 거쳐야 한다.

첫째, 작가의 주장이 무엇인지 파악한다.

둘째, 주장의 근거를 찾아낸다.

셋째, 근거가 타당한지 판단한다.

첫 번째 단계인 작가와 등장인물의 주장을 파악하는 것은 어렵지 않다. 등장인물의 언어로 대부분 표면에 드러나 있기 때문이다.

두 번째 단계인 작가의 주장에 대한 근거를 찾아내기 위해서는 '왜?'라는 질문이 필요하다. '왜?'를 통해서 무엇을 알 수 있는지 동화 〈잠자는 숲 속의 미녀〉를 통해 알아보자.

스테판 왕과 왕비 사이에 오로라 공주가 태어난다. 스테판 왕은 이날을 축제일로 정했고 온 왕국은 기쁨에 들떠 있다. 프로라, 포나, 메리웨더 요정은 아기에게 한 가지씩 축복을 내려준다. 프로라는 아름다움을, 포나는 고운 목소리를 그리고 메리웨더가 영원히 행복하라고 축복을 내리려는 순간 축제에 초대받지 못한 데 앙심을 품은 악의 요정 말레피센트가 나타나 '오로라 공주가 16세 생일에 물레의 바늘에 손가락이 찔려 죽을 것'이라는 저주를 내리고 사라진다. 그러자 축복을 하지 못했던 메리웨더는 공주가 죽는 대신 '깊은 잠에 빠지고 진정한 사랑의 키스만이 공주를 깨울 수 있다'고 고쳐 말한다.

왕은 공주에게 닥쳐올 재앙을 막고자 나라 안의 모든 물레를 불태우라고 명령을 내리고, 요정들은 마녀의 눈을 피해 숲 속에서 공주를 기르도록 왕비를 설득한다. 공주는 요정들에 의해 숲 속에서 무럭무럭 자라고 어느 날 숲 속 동물들과 달콤한 노래를 부르다 근처를 지나던 이웃 나라의 필립 왕자와 첫눈에 사랑에 빠진다.

이윽고 요정들에 의해 자신의 신분을 알게 된 공주는 궁으로 돌아가게 되고 왕궁의 탑 속에 홀로 남는다. 그 공주를 찾아낸 말레피센트의 계략에 의해 마침내 16세 생일 깊은 잠에 빠지게 되지만, 결국은 필립 왕자의 사랑의 키스로 잠에서 깨어난다.

우리가 읽었던 이 동화 속에서 질문을 하나 던져보자. 공주가 물레바늘에 손가락이 찔려 죽게 하는 저주에 대한 논거를 찾아보는 것이다. 왜 마녀는 오로라 공주에서 저주를 내렸을까? 동화 자체에서는 이러한 내용이 등장하지 않는다. 이 질문에 대한 답을 찾아가는 과정으로 탄생한 영화가 앤젤리나 졸리가 출연했던 〈말레피센트〉다. 이 영화에서는 말레피센트가 원래는 마녀가 아닌 요정이었으며, 요정 중에 제일 능력이 뛰어난 존재로 등장한다.

우연히 요정의 세계에 들어온 소년 스테판과 어린 시절부터 우정을 키워오다가, 둘은 사랑에 빠진다. 그러나 결국 탐욕에 눈이 먼 스테판으로부터 배신을 당한 말레피센트는 분노로 가득 차 마녀로 변한다. 그래서 사랑했던 남자의 아이인 어린 공주에게 16세가 되는 생일에 죽으리라는 저주를 내린 것이다.

그렇다면 말레피센트가 저주를 내리게 된 논거를 찾아보자.

- 말레피센트는 스테판 왕에게 배신당했다.

- 사랑을 배신한 남자는 고통을 받아야 한다.
- 남자는 날개를 빼앗아 자신을 제1의 요정이라는 위치에서 나락으로 떨어뜨렸다.
- 이에 대한 보복으로 아이에게 저주를 내린 것이다.

말레피센트가 나쁜 마녀이기에 저주를 내린 것은 아니었다. 말레피센트 입장에서는 그럴만한 이유가 있었던 것이다.

이렇게 '왜?'라는 질문을 통해 우리는 답을 찾았다. 그럼 지금 찾아낸 말레피센트의 논거는 타당할까? 다음 단계인 검증 단계로 넘어가보자. 좋은 논거인가 아닌가를 생각해보는 것이다.

착하고 능력 있는 요정이었던 말레피센트가 애인의 배신으로 요정으로서의 능력까지 잃게 되면서 분노에 휩싸였다는 사실은 충분히 이해할 만하다. 그러나 남자에게 배신당했다고 죄 없는 아이에게 저주를 내린 것은 문제가 있다. 배신한 것은 그 남자이지 아이가 아니기 때문이다. 마치 막장 드라마에서 남편과의 불륜녀를 찾고 나면, 아내들이 남편보다는 불륜녀 머리채를 잡는 비논리적인 행위와 비슷하다고 할 수 있다.

아울러 도덕적, 윤리적으로도 옳지 않은 논거라고 할 수 있다. 강자가 약자를 괴롭히면 안 된다는 것은 시대와 장소를 초월해 누구나 당연하다고 여기는 일종의 상식이다. 이것은 논리학에서 흔히 말하는 생략된 전제다. 이런 전제는 너무나 당연한 것이기에 굳이 설명이 필요 없다. 도덕적, 윤리적 상식에 해당하는 거라고 볼 수 있다. 힘 있는 어른이 아이를 괴롭혀서는 안 된다, 또는 신체적으로 강한 위치에 있는 남자가 약한 여자를 힘으로 제압해서는 안 된다 등등 상식에 비추어 충분히 반박할 수 있다. 따라서 좋은 논거가 될 수 없으므로 마녀의 행동은 정당성을 가지지 못한다.

동화 속 마녀의 저주가 설득력이 부족하기에, 영화에서는 저주를 부른 자신이 먼저 설득당하지 못하는 모습을 보여준다. 말레피센트라는 마녀가 오로라 공주에게 대모(god mother)로서 양육하는 과정에서 진실한 사랑을 느끼는 과정이 바로 그것이다. 영화의 엔딩 부분에서는 동화와는 달리 저주에 빠진 오로라 공주에게 말레피센트가 입맞춤을 함으로써 저주가 풀리게 된다. 논거가 정당하지 못했고, 부족한 논거를 커버하기 위해 자신이 그 저주를 푸는 과정이 반론으로 입증된 거라 하겠다.

말레피센트가 그렇게 행동한 이유를 살펴본 것은 우리가 질문을 던진 데에서 시작되었다. 손석희가 바르도와의 논쟁에서 가장 많이 사용한 것도 바로 '질문'이다. 상대에게 어떤 질문을 받게 되면 어떻게 되는가? 그 질문에 답하기 위해 우리는 생각을 하기 시작한다. 학창 시절 과학 시간에 배웠던 파블로프의 '조건반사'와 유사하다. 개에게 종을 치고 난 후 먹이를 주는 일을 계속 반복하다 보면, 종소리만 들려도 개가 침을 흘리는 것 말이다. 이와 유사하게, 누군가 질문을 던지면 그 상대는 질문에 답해야 한다는 의무감에 사로잡히게 된다. 이를 응답반사라고 표현한다. 이 응답반사로 인해 우리는 질문을 받으면 당연히 답을 해야 한다고 여기고, 답을 찾기 위해 생각을 하기 시작한다. 이것이 질문이 가진 첫 번째 힘이다.

이러한 질문의 힘을 잘 이용해서, 책을 읽거나 대화를 나눌 때도 질문을 던져야 한다. 나 자신에게 또는 대화를 나누는 상대에게 말이다. 특히 '왜?'라는 질문의 힘은 강력하다. 책을 읽으면서 '저자는 왜 이런 말을 하는 것일까?' 자신에게 질문을 던져보자. 그러면 우리의 뇌는 생각을 하기 시작한다. 생각을 하기 시작한다는 것은 합리적인 정신활동을 시작한다는 것이고, 그것은 논리적인 사고를 시작한다는 것을 의미한다.

논리적인 사고의 길로 접어들게 되면 저자나 대화 상대의 말에 대한 근거를 찾게 된다. 이렇게 찾아진 근거가 참인지 거짓인지, 타당한지 그렇지 않은지를 검증하는 과정이 그다음으로 필요하다. 만약 상대가 제시하는 논거가 타당하지 못하다면 그에 대한 반론을 제기할 나 자신의 논거를 생각하게 된다. 이렇게 질문은 결국은 상대와 나 자신을 스스로 설득하게 하는 데까지 이르게 하는 힘이 있다. 이러한 과정이 바로 설득력 있는 논거를 찾아가는 방법이다.

설득력 있는 논거의
세 가지 조건

앞에서 우리는 설득에는 논거가 필요하다는 사실을 살폈고, 논거를 찾기 위한 여러 방법을 알아보았다. 서로 다른 주장을 펼칠 때에는 각자의 논거를 제시하고 그 논거를 서로 따져보아야 한다. 이 과정에서 나는 상대의 논거가 타당하지 않음을 증명해야 하고, 나의 논거는 공격받지 않도록 제시해야 한다.

그럼 논거가 타당한지 아닌지 판단할 수 있는 기준은 무엇일까? 이제 설득력을 높여주는 논거의 조건을 알아보자.

첫째, 논거가 주장하고자 하는 바와 관련성이 있는가를 본다.
엄마와 아들의 대화를 보자.

엄마: 텔레비전 볼 때는 일어나서 봐야지. 눈 나빠져.

아들: 그러는 엄마는 왜 누워서 봐?

엄마: 너 밥할 줄 알아?

아들: 못 해.

엄마: 원래 밥 못 하는 사람은 앉아서 보는 거야.

_《Why 대화법》, 정명숙, 아주좋은날

엄마의 논리에 과연 아이는 설득이 될까? 텔레비전 보는 일과 밥하는 일은 아무런 상관이 없다. 지금은 아이가 어려서 이런 식의 대화가 가능할 수도 있겠지만, 아이가 좀더 커서 엄마의 주장과 논거가 관련성이 없다는 사실을 알게 되는 순간, 엄마의 말은 설득력이 없어진다.

그럼 엄마는 어떻게 말해야 아들에게 설득력 있게 말할 수 있을까? 관련 있는 논거를 제시하여 논리적으로 바꿔보자.

엄마: 텔레비전 볼 때는 일어나서 봐야지. 눈 나빠져.

아들: 그러는 엄마는 왜 누워서 봐?

엄마: 어른은 누워서 봐도 눈이 안 나빠지니까 엄마는 누워서 봐도 돼.

아들: 왜 어른은 눈이 안 나빠져?

엄마: 네 나이에는 아직 시력이 다 발달하지 않아서 눈이 나빠질 가

능성이 많아. 다 큰 어른들은 발달이 끝나서 눈이 더 많이 나빠

지지 않는 거야.

아들: 그래도 엄마가 누워서 보면 나도 누워서 보고 싶어.

엄마: 그래? 그럼 엄마도 너랑 같이 앉아서 볼게.

'누워서 TV 보면 안 된다'라는 주장에 대한 근거로 '시력이 나빠지니까'를 들었다. 그리고 관련성을 잃지 않고 어른과 어린이의 시력 발달상 차이로 대화를 끌고 나갔다. 이제 아들은 엄마의 말이 논리적으로 이해가 되어 반박하기 어렵다는 것을 알게 된다.

둘째, 논거가 참인가를 본다.

논거가 거짓이 아닌 참이어야 결론도 참으로 도출된다. 그러나 우리는 모든 논거의 참과 거짓을 판단하기 어렵다. 사실 근거는 참과 거짓을 증명할 수 있으나 가치 근거는 그럴 수 없기 때문이다. 따라서 참과 거짓보다는 타당성을 따져보기로 하자.

회식하는 날 직장에서는 이런 대화가 종종 들린다. 부장과 여직원의 대화 속으로 들어가 보자.

부장: 오늘 회식합시다.

직원: 미리 말씀해주셔야죠. 저는 오늘 못 갑니다.

부장: 왜 못 가나? 회식도 업무의 연장인데 참석해야지.

직원: 회식은 근무 시간이 아닙니다.

부장: 뭐라고? 이래서 여자들이랑 일하기 힘들어!

이 대화에서 부장의 주장과 논거는 다음과 같다.

- 주장: 회식에 참석해야 한다.
- 논거: 회식은 업무다.

논증은 '(논거)이면 (주장)이다'로 만들어낼 수 있다. 따라서 부장의 논증은 '회식은 업무이니 참석해야 한다'는 것이다.

우리가 배웠던 연역법에서는 근거가 참이면 결론은 반드시 참이 된다. 대표적인 예가 우리 모두 알고 있는 '사람은 죽는다. 소크라테스는 사람이다. 고로 소크라테스는 죽는다'와 같은 주장이다. 근거가 참이니 당연히 결론이 참일 수밖에 없다. 논증에서는 상대의 주장에서 근거가 참인지, 즉 타당한지에 관해 반박함으로써 반론을 제시할 수 있다. 근거가 참이 아닐 경우 충분히 논리적으로 반박할 수 있기 때문이다. 다음과 같이 말이다.

논거가 참이 아니면 주장은 틀렸다.

이에 따르면 다음과 같은 주장을 반론으로 제시할 수 있다.

회식은 업무가 아니니 참석하지 않겠다.

논거가 타당하지 않다는 근거는 다음과 같이 두 가지로 들 수 있다.

- 근로계약에 따르면 업무 시간은 오전 9시부터 오후 6시까지다. 회식은 6시 이후의 행사다. 따라서 회식은 업무가 아니다.
- 6시 이후에는 임금이 지급되지 않는다. 따라서 회식은 업무가 아니다.

부장은 회식이 업무의 연장이라는 근거를 들었지만, 그것은 타당하지 않으므로 부장의 주장은 설득력을 잃는다. 그래서 여자들이랑 일하기 힘들다는 말로 주장을 펼치려 했으나, 이는 논거의 첫 번째 조건인 '관련성'에 어긋나는 근거이기에 설득력을 가지지 못한다.

물론 이렇게 말한다면, 감정적으로 부장에게 찍힐 수 있다는 리스크가 있다는 것쯤은 모두 알 것이다. 로고스만을 강조하고 파토스를 무시하는 경우이기 때문이다.

셋째, 논거가 반박 가능성이 적은가를 본다.

즉, 상대가 반대 의견을 제시했을 때 방어할 수 있는가 하는 것이다. 딸이 엄마의 마음에 들지 않는 친구와 어울리고 있을 때, 보통 엄마들은 이렇게 이야기한다.

> 엄마: 쟤는 너무 놀기만 하니까 같이 어울리지 마.
>
> 딸: 그래도 걔랑 노는 게 재밌어. 같이 놀면 왜 안 돼?
>
> 엄마: 걔는 엄마가 없어서 평판이 안 좋아. 나는 네가 그런 아이와 어울리지 않았으면 좋겠어.
>
> 딸: 엄마가 없으니까 같이 놀면 안 되는 거야?
>
> 엄마: 놀지 말라면 같이 놀지 마! 무슨 말이 그렇게 많아?

엄마는 논리적으로 딸을 설득할 수 없게 되자 윽박지르고 대화를 끝냈다. 딸이 엄마의 주장에 결정적인 반박을 했기 때문이다. 엄마의 주장은 엄마가 없는 아이는 놀기만 한다는 것이다. 그런데 엄마가 없는 것은 그 아이의 잘못이 아니다. 따라서 '엄마가 없다는 이유로 함께 놀지 말라'는 것은 상식에 어긋난다. 그래서 딸은 그 상식을 반박 근거로 제시했다. 엄마는 자신의 주장이 논리적이지 못하기 때문에 아이와의 논쟁에서 진 것이다.

이 상황에서 엄마는 상식적으로 반박이 가능한 근거인 '엄마가 없으니 같이 놀지 말라'는 것을 강조하면 안 되고, 아이가 평판이 좋지 않은 이유에 대해 자세히 설명해야 한다.

> 엄마: 걔는 엄마가 없어서 내가 너에게 해주듯이 시간 관리가 잘 안
>
> 되고, 그런 아이들끼리 어울리다 보니 노는 시간이 많아. 네가
>
> 그 아이랑 같이 놀다 보면 계속 같이 놀고 싶고, 그러다 보면 네
>
> 가 할 일을 못 하는 경우가 생길 것 같아서 걱정돼.
>
> 딸: 난 걔가 좋으니까 같이 놀아도 내가 할 일은 잘할게. 그럼 같이 놀
>
> 아도 돼?
>
> 엄마: 그래, 네가 그렇게 약속한다면 같이 놀아도 좋아.

친구에게 엄마가 없다는 사실이 아닌 친구의 특성에 관한 근거를
제시했을 때 반박 가능성은 적어진다. 따라서 아이가 설득될 가능성
이 높다.

이렇게 논거를 제시할 때는 세 가지를 모두 고려해야 한다. 내가 제
시하고자 하는 논거가 논지와 관련성이 있는가, 참인가(타당한가), 상
대의 반박이 가능한가가 그것이다.

그렇다면, 숲 속의 공주에게 저주를 내린 말레피센트의 논거는 어
떠한가? 스테판 왕이 말레피센트를 배신했다는 것은 참이다. 그러나
왕의 잘못과 아이에 대한 저주는 관련성이 떨어진다. 그러기에 상대

가 반박할 수 있는 여지가 많다. 따라서 관련성이 높고 반박 가능성이 낮아야 한다는 논거의 두 가지 조건을 충족시키지 못한다. 그래서 남자에게 배신당해 상처를 받은 말레피센트의 마음은 이해되지만, 꼭 그렇게까지 했어야 하는지에 대한 의문이 남는다. 이는 말레피센트의 주장이 논리적이지 않기 때문이다.

앞서 바르도가 손석희와의 개고기 논쟁에서 실패했던 결정적인 이유는 주장만 있고 논거가 없기 때문이라고 했다. 손석희의 말이 명쾌하고 설득력을 가지는 이유는 그 논거에서 찾을 수 있다. 손석희의 논거는 '사실' 중심이다. 그는 인터뷰에 들어가기 전에 자료를 엄청나게 모으고 연구한다고 한다. 역사, 기록, 연구 결과, 설문조사 등 사실 근거로 상대의 주장에 조목조목 대응하는 것이 손석희 스타일이다.

그럼 개고기 논쟁에서 손석희가 사용한 사실 근거들이 설득력 있는 논거의 세 조건을 만족하는지 살펴보자.

첫째, 관련성이 있는가? 손석희가 제시한 근거 중 몇 가지를 다시 살펴보자. 식용 개와 애완용 개가 따로 있다는 사실, 인도에서 소를 먹지 않지만 소를 먹는 국가를 반대하지 않는다는 사실 등은 모두 개고기 논란과 관련이 있는 근거들이다.

둘째, 참인가? 실제로 우리나라에는 식용 개와 애완용 개는 구분되어 관리되고 있고, 인도에서는 소를 먹는 국가에 대해 반대하지 않는다. 참이다.

셋째, 반박 가능성이 적은가? 손석희가 제시한 근거는 모두 사실 자료이기 때문에 이 사실을 반박하기는 어렵다.

이렇게 사실로 근거를 제시했을 때 논거의 세 조건을 모두 만족한다. 이러한 조건을 만족하는 논거는 충분한 설득력을 갖추게 된다.

어떤 사실 근거를
선택하느냐

연인 사이에 말다툼을 하다가 이런 말이 나오는 경우가 많다.

"나는 사실만을 말했어. 그런데 왜 화를 내?"

내가 말한 것이 정말 사실일까? 나는 사실만을 말했지만 상대가 화를 낸다면 사실이 아니라 주장을 말했을 수 있다. 우리는 주장과 사실을 혼동하는 경우가 많다. 그래서 무의식적으로 주장을 사실처럼 이야기한다. 그러나 논리적 말하기에서는 사실과 주장을 구분해서 전달해야 상대가 오해하거나 잘못 판단하게 되지 않는다.

사실이란 과거에 있었던 일, 지금 현재 발생하고 있는 사건 등을 말한다. 미래의 일은 추측이므로 사실로 말할 수 없다. 또한 사실은 말하는 사람의 생각·느낌·추측과는 관련이 없으며, 실험이나 연구 결과로 누구나 객관적으로 확인할 수 있다.

사실을 말하려면 가치 판단이 담길 수 있는 단어는 배제해야 한다. 반면에 주장은 사실에 대한 개인의 생각이나 믿음이므로 개인적 감정이 담겨 있다.

'그는 지난주에 세 번 지각했다.'

이 문장은 단순한 사실만을 언급하고 있다. 그가 지난주에 세 번 지각했다는 것은 객관적인 사실이다. 그러나 이 사실을 근거로 주장하는 내용은 사람마다 다를 수 있다. "세 번 지각을 했으니 그는 게으르다"라고 주장하는 사람도 있고, "그가 처해 있는 상황을 고려할 때 세 번밖에 지각을 안 한 건 그가 부지런해서다"라고 주장하는 사람도 있을 것이다.

사실에는 이론의 여지가 없다. 그러나 주장은 개인의 신념과 가치체계 등 상황에 따라 다양하게 나올 수 있다. 따라서 주장만을 나열해서는 나와 다른 생각, 다른 신념을 갖고 있는 사람을 설득하기 어렵다.

우리나라는 현재 세계에서 가장 빨리 늙어가고 있다. 고령화 사회가 되어간다는 것은 어떤 면에서 보면 국민의 질병관리와 영양 상태 개선의 결과라는 점에서 바람직한 사회적 현상이다. 고령화가 문제가 아니라, 고령화와 같이 진행되고 있는 저출산이 심각한 사회문제를 낳을 수 있다. 정부는 출산율과 사망률을 그동안 의도적으로 낮추어 왔다. 그동안 제시된 정부의 구호를 보면 얼마나 강력하게 출산율 억제를 위해 노력했는지 엿볼 수 있다.

알맞게 낳아서 훌륭하게 키우자.(1961년)

덮어놓고 낳다 보면 거지꼴을 못 면한다.(1963년)

딸 아들 구별 말고 둘만 낳아 잘 기르자.(1971년)

잘 키운 딸 하나 열 아들 안 부럽다.(1980년)

_《나의 한국 현대사》, 유시민, 돌베개(참조)

이렇게 노력한 결과 1988년 우리 정부는 인구증가율 1퍼센트라는 목표를 조기 달성하는 기염을 토했다. 그러나 현재 경제 전문가들은 현재의 출산율로는 성장동력이 저하될 것이라 주장하고 있다. 이대로 간다면 대한민국의 인구는 2030년에 정점을 찍고 줄어들기 시작한 다는 자료를 쉽게 접할 수 있다. 이제 정부가 강력한 출산장려정책을 위해 노력해야 하는 시점이 된 것이다.

"하나는 부족합니다."

"외동아이에게는 형제가 없기 때문에 사회성이나 인간적 발달이 느리고, 가정에서는 무엇이든지 마음대로 이루어보았으므로 자기중심적이 되기 쉽습니다."

정부기관이 만든, 출산을 장려하기 위한 포스터 문구다.

이 포스터에서 말하고자 하는 주장은 외동아이에겐 형제가 없어 사회성이 부족하므로 더 낳아야 한다는 것이다. 이 주장의 근거를 살펴보면 '혼자 크면 사회성이 부족해진다'는 것이다. 그러나 많은 이들이 이 주장에 동의하지 않는다. 외동이라고 사회성이 부족한 것은 아니라는 반론이다. 각 주장의 구체적인 근거를 살펴보자.

먼저 외동아이가 사회성이 떨어진다는 주장에 대한 근거로 중국 소황제 문제나 외둥이인 청소년들이 심각한 심리적 문제를 겪고 있다는 논문을 제시할 수 있다. 외톨이 중에 외둥이인 아이들이 많았다는 연구 결과도 들 수 있다.

그러나 미국 오하이오 주립대의 더글러스 다우니 교수의 2010년 논문에 따르면 또래들 사이에서 얼마나 인기가 있느냐 하는 건 형제가 있느냐 없느냐와 관계가 없었다.

주장에 따른 뒷받침은 이렇게 누구나 확인할 수 있는 연구 결과 등의 객관적 근거를 사용해야 한다. 이 객관적 근거가 '사실'이다.

결국 논쟁은 어떤 사실 근거를 선택하느냐의 문제다. 그에 대한 근거로 객관적이고 명확한, 반론의 여지가 없는 사실이 제시되어야 설득력을 갖게 된다. 정부는 자신들의 출산장려정책에 국민들이 열심히 따르도록 하려면, 어떤 사실을 근거로 제시해야 할 것인지 고민해야 할 것이다.

"뇌를 어떻게 사용할지는
스스로 찾아내야 해"

"푸성귀나 집에 있는 나물들, 그냥 먹으면 맛이 없지만 여기에 잘 짜낸 참기름만 넣어줘도 맛있잖아요. 이 크림을 바르시면 집에 있는 로션, 파운데이션 그대로 쓰시고도 달라진 피부를 만나실 수 있습니다."

무심코 채널을 돌리다 쇼 호스트의 기막힌 말솜씨에 홈쇼핑에서 채널을 멈춘 적이 있다. 잘 짜낸 참기름이 날재료인 채소를 맛있게 만들어주는 마법을 경험한 사람이라면 이 말에 자기도 모르게 솔깃해질 것이다. 나 역시 집에서 사용하는 화장품을 그대로 쓰고도 저 크림만 있다면 피부가 좋아질 수 있겠다는 기대감이 들며 주문 전화를 할 뻔했다. 이처럼 유사한 사례를 들어 설득력을 높이는 방법을 예증법이라고 한다.

논증의 방법에는 여러 가지가 있다. 여기에서는 아리스토텔레스가 설득력이 높다고 말한 예증법에 대해 소개한다. 예증법이란 유사한 사례를 바탕으로 관련 있는 한 부분에서 다른 부분으로 진행하는 방법이다. 유사한 예를 들어 주장하고자 하는 바와 연결하는 것으로, 어찌 보면 귀납법과 비슷하다. 그러나 귀납법은 전제를 바탕으로 보편적 결론을 추론해내는 방식이지만, 예증법은 보편적 결론을 뽑아내지 않는다. 사례 사이의 유사성을 바탕으로 더 잘 알려지거나 쉽게 이해할 수 있는 사례를 제시하여 주장의 설득력을 높이는 논리법이다. 이러한 방법은 이성과 논리로 설득하려는 로고스를 풍성하게 해준다.

대한항공 땅콩 리턴 사태를 보고 많은 정치인이 나름의 견해를 내놓았다. 정치인 노회찬은 이렇게 말했다.

"아버지가 타던 자전거는 아들이 그냥 타도 문제가 되지 않는다. 아버지가 타던 자동차는 아들이 그냥 탈 수 없다. 운전면허가 있어야 한다. 면허가 있다면 자동차는 괜찮다. 그럼 비행기는 어떤가? 아버지의 비행기를 아들이 그냥 타도 되나? 비행기는 무자격자가 운전할 수 없다. 덩치가 커질수록 자격이 필요하다. 재벌 3세의 무자격 경영이 문제가 된다."

그가 무슨 말을 하고자 하는지 귀에 쏙쏙 들어온다. 검증을 거치지 않은 재벌 3세가 회사를 경영하면 안 된다는 말을 자전거, 자동차의 예를 들어 설명하고 있다. 재벌 3세의 경영에 대한 뻔한 주장을 예증법을 통해 신선하게 바꾸어놓았다. 그리고 매우 쉽게 이해할 수 있도록 해주었다.

이렇게 예증법을 사용하면 쉽고 강력하게 상대를 설득할 수 있고, 기억에도 오래 남는다.

전 세계에서 가장 높이 자라나는 나무, 메타세쿼이아. 이 나무는 높이 자라는 만큼 튼튼한 뿌리를 가져야 할 것 같은데, 뜻밖에 뿌리가 깊지 않다고 한다. 그런 메타세쿼이아가 높이 자랄 수 있는 비결은 뿌리끼리 얽혀 서로 지탱해주기 때문이다. 뿌리가 서로를 지탱해 모진 강풍과 비바람을 견뎌내듯이, 우리도 서로의 정으로 부둥켜안고 지탱한다면 어떤 어려움도 이겨낼 수 있을 것이다.

팀워크 강의를 할 때 강사들이 많이 사용하는 내용이다. 이것도 예증법에 해당한다. 팀으로 일하기 위해서는 팀워크가 중요하다는 것은 많은 이들이 알고 있는 상식이다. 우리가 도덕이나 상식으로 알고 있는 것은 주장 그대로를 말할 경우 뻔한 이야기, 다 아는 이야기로 들릴 수 있다. 이럴 때 예증법을 사용하면 뻔한 주장이라도 저항감을 줄여 마음을 열고 받아들이게 해준다.

강의를 잘하는 강사들은 공통적인 특징이 있다. 사람들에게 이해가 잘 되도록 설명을 잘한다는 것이다. 왜 그렇게 느껴질까? 예를 들어 설명하기 때문이다. 좋은 사례를 찾아 주장과 연결할 수 있는 능력이 강의의 질을 좌우한다. 과거보다도 현대에는 더더욱 그러하다. 과거에는 지식을 일부 계층에서 독점했기 때문에 '지식을 아는 것'이 중요했다. 강의에서도 얼마나 많은 지식을 전달할 수 있느냐가 중요했다. 그러나 지금은 그렇지 않다. 지식이라면 인터넷에서 얼마든지 쉽게 찾아볼 수 있다. 하지만 그 지식을 어떻게 활용하느냐는 사람에 따라 다르다. 인터넷에서 찾아낸 지식을 실제 사례와 연결하는 일은 생각을 해야만 가능한 일이다. 그 생각을 할 수 있는 능력이 점차 중요해지고 있는 것이다.

안상헌 작가의 《청춘의 인문학》에는 고사성어 '와신상담'에 대한 이야기가 나온다. 와신상담, 이 네 글자는 이런 뜻을 담고 있다. 글자 그대로 해석하면 땔나무 위에서 잠을 자고 쓸개를 맛본다는 것인데, 원수를 갚기 위해 온갖 괴로움을 참고 견딘다는 의미로 쓰인다. 여기에는 배경이 되는 춘추전국 시대의 흥미로운 이야기가 숨어 있었고, 안작가는 중학교 2학년 때 사회 선생님의 첫 수업에서 이 이야기를 들었다고 한다. 처음 접한 고사성어 이야기는 어린 그의 마음을 흔들어놓았다. 이때부터 고사성어 책을 읽고 관련된 원전을 찾고 고사성어가 많이 담긴 신화나 이야기책 등 인문 서적을 많이 읽게 되었다며, 결국 지금 책을 쓰고 강의를 할 수 있게 된 것은 와신상담 때문이라고 한다. 그리고 당시 와신상담 이야기를 들려주신 선생님의 열정에 감동하여 지금 자신도 책과 이야기를 좋아하는 삶을 살게 되었다고 한다. 그러면서 삶을 자신이 좋아하는 것들로 채워가는 것이 인문학이라고 이야기한다. 인문학을 공부해야 하는 이유는 이렇게 진정한 삶을 살아가기 위함이다.

여기에서도 예증법이 사용되었다. 인문학을 공부해야 하는 이유에 대해 사례를 들고 있는데, 많은 사람이 알고 있는 고사성어에서 시작하여 작가 자신의 사례로 연결하면서 사람들의 공감을 이끌어냈다. 이제는 누구나 다 아는 사례보다는 자신만의 사례가 더 효과가 있다.

예증법을 사용하기 위해서는 먼저 많은 사례를 알고 있어야 한다. 그래야 주장에 대한 적절한 사례를 찾아 활용할 수 있다. 이러한 사례 모음을 '토피카(Topica)'라고 한다. 토피카는 원래 아리스토텔레스의 《오르가논》 중 변증법적 논증을 담은 부분인데, 점차 변증법이 아닌 '사례 모음집'의 뜻으로 사용되게 되었다. 예로부터 말을 잘하거나 글을 잘 쓰는 사람은 자신만의 사례집을 가지고 있었다. 고대에는 상투적인 사례가 힘이 있었지만, 지금은 누구나 사용할 수 있는 사례보다는 나만의 사례가 더 설득력을 가진다.

강사 양성 과정을 진행하다 보면 처음 강의를 시작하는 강사들이 가장 어려워하는 것이 '사례'다. 대체 그 많은 사례를 어디서 구하느냐는 것이다. 강의 때 쓰는 사례는 토피카의 일종인데, 토피카는 어느 날 갑자기 생각한다고 해서 나오는 것이 아니다. 평소에 만들어놓아야 한다.

만약 당신이 구두를 살 계획이라고 해보자. 그러면 그동안 보이지 않던, 지나가는 사람들의 구두가 눈에 들어올 것이다. 가방을 사고자 한다면 주변에서 가방만 보일 것이고 말이다. 관심을 가지면 보인다는 이야기다. 주제의식을 갖고 책을 읽다 보면 토피카를 쉽게 찾아낼 수 있다. 또한 주변에서 일어나는 사건들, 사람들과의 대화, 뉴스, 드라마, 다큐멘터리, 잡지, 신문, 영화 등 관심을 가지면 주변 모든 것이 토피카로 사용될 수 있다. 이 책에서 사용된 소재들도 여기에서 크게 벗어나지 않는다.

블로그나 인터넷 카페에서도 필요한 소재들을 발견하면 다음에 쉽게 찾을 수 있게 자신의 블로그로 링크를 걸어두거나 즐겨찾기 등을 활용하여 정리할 수 있다. 이때에는 어떤 주장에 이 토피카를 사용할 것인지 간단히 메모해두는 것이 좋다. 또한 토피카로 활용될 가능성이 높은 책들은 그리스·로마 신화, 고사성어, 이솝우화, 탈무드, 유머

집, 명언집 등이 있다. 책을 읽을 때 마음에 드는 구절이나 이야기들을 메모하거나 복사하여 주제별로 정리해둔다. 그러면 이제 이런 책들에 어떤 토피카들이 숨어 있는지 찾아보자. 내가 강의할 때 사용하는 토피카를 소개한다.

탈무드에는 술의 기원에 관한 이야기가 나온다.

이 세상에 최초의 인간이 포도나무를 심고 있었다. 이때 악마가 찾아와 무엇을 하고 있느냐고 물었다. 인간은 대답했다. "근사한 식물을 심고 있다." 악마는 "이건 처음 보는 식물인데"라고 말했고, 이에 인간은 악마에게 답한다. "이것은 아주 달고 맛있는 열매가 열리는 나무이지. 그 즙을 마시면 아주 행복해진다네." 악마는 그렇다면 자기도 끼워달라고 요청했고 양과 원숭이, 사자와 돼지를 데리고 왔다. 그러고는 이 네 마리 동물을 죽여서 그 피로 거름을 주었다. 포도나무는 무럭무럭 자라 열매를 맺었고, 그 열매로 인간은 술을 빚었다. 포도주는 그렇게 이 세상에 생겨났다.

그래서 사람이 술을 마시면 이 네 마리 동물의 성향이 나타나게 된다. 술을 마시기 시작할 때는 양처럼 온순하고, 더 마시면 원숭이처럼 춤을 추고 노래를 부르며, 조금 더 마시면 사자처럼 사나워지고, 더 마시면 돼지처럼 추하게 뒹굴고 더러운 모습을 보인다. 술은 악마가 인간에게 준 선물인 것이다.

많은 사람이 스트레스 해소법으로 선택하는 술에는 이런 기원이 숨어 있다. 내 안에 숨어 있던 양과 원숭이가 나올 때까지는 기분이 좋고 스트레스도 해소가 되지만, 사자와 돼지가 나올 정도면 본인은 물론 주변 사람까지도 괴로운 상황이 된다. 나중에 사태를 수습하느라 스트레스를 더 받게 될지도 모른다. 적당하면 득이 되고 지나치면 독이 된다. 흥이 되는 음주는 결코 적절한 스트레스 해소법이 아니다.

탈무드 중 술의 기원이라는 토피카를 '스트레스 해소법으로 지나친 음주는 적절치 않다'는 주장에 대한 근거로 활용했다.

이번에는 그리스 신화를 살펴보자.

그리스의 아티카라는 곳에 프로크라테스라는 괴상한 도둑이 있었다. 이 도둑은 나그네를 붙잡으면 자신의 소굴로 끌고 가서 특별히 마련한 침대에 눕힌다. 나그네의 키가 침대 길이보다 작으면 잡아 늘이고, 크면 밖으로 나온 머리와 다리를 자르는 잔인한 방법으로 죽였다. 그러다가 침대의 길이와 키가 꼭 같은 영웅 테세우스가 나타나서 프로크라테스를 꼭 같은 방법으로 퇴치하고 만다.

이는 그리스 신화에 나오는 이야기다. 이처럼 자신만의 확고한 기준을 만들어두고 다른 사람이나 사건들을 그 틀에 맞추어 재단해버리는 것을 '프로크라테스의 침대'라고 부른다. 우리에게도 이런 일이 종종 일어난다. '나는 옳고 너는 틀려'라는 생각으로 상대를 인정하지 않는 경우를 말한다. 각자가 프로크라테스의 침대에 상대를 눕히려 한다면 그 사회는 소통이 안 되는, 막힌 사회가 될 것이다. 세상 모든 것은 나와 다르다. 그래서 나와 다른 모든 것을 있는 그대로 인정해야 함께 살아갈 수 있다.

그리스·로마 신화에는 활용할 만한 토피카가 무궁무진하다. 각 에피소드에 어떤 주장을 연결하면 적절할지 생각하면서 읽어보자.

우리가 어릴 적 많이 읽었던 이솝우화에는 성인에게도 교훈을 줄 만한 이야기들이 많이 실려 있다. 우리가 많이 알고 있는 여우와 신 포도 이야기를 보자.

배고픈 여우가 포도나무를 발견했다. 포도는 닿지 않는 높은 곳에 달려 있었다. 여우가 아무리 애를 써도 높이 있는 포도를 먹을 수가 없었다. 끝내 포기하면서 발길을 돌리며 여우가 한마디 한다. "저 포도는 시어서 맛이 없을 거야."

포도가 신지 시지 않은지는 먹어보아야 안다. 그러나 여우는 스스로를 위로하기 위해 포도가 시다고 단정해버린다. 여우는 현실을 왜곡하는 자기합리화를 하고 말았다. 만약 사다리라도 구해서 포도를 땄다면 여우는 앞으로 더 높은 곳의 열매에도 도전할 수 있었을 것이다. 그러나 이는 여우의 문제만은 아니다. 우리 안에도 여우가 숨어 있다. 포기하고 싶을 때 내 안의 여우가 속삭인다.

"해봤자 안 될걸."

우리가 여우의 말에 귀를 기울인다면 어려운 일을 만날 때마다 시도조차 해보지 않고 포기할 것이다.

이 이야기는 다른 관점에서도 해석할 수 있다. 여우가 만약 포도는 달다고 생각하고도 돌아서야 했다면 스트레스만 받고 얻는 것은 없었을 것이다. 때로는 여우 식의 자기합리화가 불필요한 욕심을 놓아버리기 위해서 필요하다. 여우는 자신이 포도를 딸 수 없다는 현실을 받아들인다. 자기 능력 밖의 일에 집착하지 않고 놓아두는 것은 마음의 건강을 유지하는 현명한 방법이다.

이렇게 한 가지 이야기도 보는 관점에 따라 다르게 쓰일 수 있다. 중요한 것은 에피소드에 대한 나의 해석이다. 주장에 대한 적절한 토피카의 활용은 나의 주장에 힘을 실어준다.

요리사가 요리를 하려면 레시피가 중요하다. 그러나 아무리 훌륭한 레시피를 갖고 있더라도, 재료가 없다면 어떻게 요리를 하겠는가? 레시피가 주장에 대한 논거라면, 그 논거를 풍성하고 감칠맛 있게 만들어내기 위해서는 재료가 풍성해야 한다. 그 재료가 토피카라고 할 수 있다. 논거에 설득력을 높이기 위한 예증법과 예증법을 풍부하게 활용하기 위한 토피카는 로고스에 날개를 달아 더 높이 날아가게 할 것이다.

"나에게 뇌를 줄 수 없나요?"

허수아비가 물었다.

"넌 뇌가 필요 없어. 넌 매일 무언가를 배우잖아. 아기도 뇌를 가지고 있지만, 아는 건 없어. 경험만이 앎을 가져다주지. 세상을 살면서 많은 경험을 할수록 지혜를 얻게 되는 거야."

"그게 사실일지도 모르지만 내게 뇌를 주지 않는다면 전 행복하지 않을 것 같네요."

가짜 마법사는 허수아비를 조심스럽게 바라보았다.

"그렇다면, 말했듯이 난 마법사는 아니지만 내일 아침에 오면 머리에 뇌를 넣어주겠네. 그 뇌를 어떻게 사용하는지는 말해줄 수 없어. 그건 스스로 찾아내야 해."

오즈가 한숨을 쉬며 말했다

마법사가 허수아비에게 말한 대로, 우리는 일상을 통해 끊임없이 경험하고 느끼고 자신을 채워나간다. 로고스로 상징되는 허수아비의 '뇌'는 단순히 머릿속에 지식을 쌓는 것만을 의미하지는 않는다. 내가 축적해놓은 지식을 나만의 로고스로 만들어내는 것을 의미한다. 허수아비에게 뇌를 줄 수는 있어도 뇌의 사용법을 알려줄 수는 없다는 마법사의 말은 많은 것을 내포하고 있다. 나만의 경험과 공부를 통해 얻은 수많은 토피카를 어떻게 활용하느냐가 로고스에서는 중요하다는 것을 알려준다. 바로 자신만의 레시피로 로고스에 설득력을 불어넣으라는 것을 암시하고 있다. 감성이 설득의 중요한 진입로가 된 지금은 이성과 논리라는 로고스에 파토스적 성격이 강한 예증법과 토피카를 적극 활용해야 한다는 걸 암시하는 것은 아닐까?

이제 허수아비가 에메랄드 시의 통치자가 되었다. 그가 마법사는 아니었지만 사람들은 그를 자랑스러워했다.

"허수아비가 다스리는 나라는 아무 데도 없을 거야."

그들의 말은 사실이었다.

오즈가 열기구를 타고 날아간 다음 날 아침, 친구들은 왕실에 모여서 이야기를 나눴다. 허수아비는 커다란 옥좌에 앉아 있었고 다른 친구들은 그 앞에 공손하게 서 있었다.

"우린 그다지 불행한 건 아니야."

새로운 통치자가 말했다.

"이 궁전과 에메랄드 시가 우리 것이고 우리 마음대로 할 수 있잖아. 얼마 전까지 나는 옥수수밭의 장대에 걸려 있었지만, 지금은 이 아름다운 도시의 통치자야. 난 내 몫에 만족해."

마침내 자신을 뇌가 없어서 바보로 업신여긴다고 했던 허수아비가 마법사가 사라진 에메랄드 시를 다스리는 최고의 자리에 오르게 된 것이다. 다른 친구들과 마찬가지로 허수아비가 원했던 뇌도 외부에서 얻을 수 있는 것이 아니라 이미 그 안에 있었던 것을 깨닫게 된 순간이다. 지혜는 자신 안에 있으며 경험을 통해 기를 수 있음을 우리에게 말하고 있다.

에필로그

사람이 죽기 전에 해야 할 세 가지를 뽑는다면 자식을 낳는 일과 나무를 심는 일, 그리고 책을 쓰는 일이라는 내용을 읽은 적이 있다. 그것 외에도 죽기 전에 해야 할 일은 참 많다. 살면서 어떤 부분에 무게중심을 두느냐에 따라 버킷리스트는 저마다 다르다. 내가 무슨 일을 하고 있느냐에 따라서도 달라진다. 하고 싶은 일은, 한편으로는, 실행하기 어려운 일의 목록이기도 하다.

초보 강사 시절 우리의 버킷리스트 중 하나는 책을 쓰는 일이었다. 몇 년 전, 버킷리스트에 책 쓰기를 적어놓으면서, 이 일은 가장 나중에 할 수 있거나 영원히 리스트로만 남을 거라고 스스로에게 고백했었다. 용기가 나지 않았고, 감히 우리같이 얕은 지식의 소유자가 책을 낸다는 것은 지식의 천박함과 부박함을 온 세상에 알리는 일이 될 것

같았다. 두려웠다.

　책을 쓰기 위해서는 사자에게 필요한 용기가 우리에게 절실했다. 처음 강의를 시작할 때와 마찬가지였다. 무작정 시작했더니 여기까지 왔다. 무작정 쓰기 시작했더니 결국은 이렇게 책의 마지막 장을 쓰게 되었다.

　오즈의 마법사가 누구인지도 정확히 모른 채 도로시와 허수아비, 양철 나무꾼, 사자는 무작정 길을 떠났다. 에메랄드 시를 향해서, 각자 원하는 것을 얻기 위해. 우리가 삶에서 얻고자 하는 그 무엇도 그냥 얻어지지 않는다. 책을 쓰는 것도, 나무를 심는 것도, 자식을 낳는 것도 말이다. 용기를 내어 내가 그것을 하지 않으면 아무것도 얻을 수 없다. 그냥 얻어지지 않기에 더 가치가 있고, 그렇기에 버킷리스트가 되는 것이다.

　자신을 용기가 없는 겁쟁이라고 여기는 사자는 오즈로 가는 여정에서 사자만의 용기를 보여준다. 심장이 없었던 양철 나무꾼은 자신이 심장이 없기 때문에 마음을 잘못 사용하지 않으려고 노력한다고 말한다. 그런데 그 여정에서 양철 나무꾼은 누구보다 심장을 잘 활용하는 모습을 보인다. 뇌가 없어 사람들로부터 바보라는 소리를 듣고 싶지 않았던 허수아비 역시 여행 내내 누구보다 지혜로웠다.

　《오즈의 마법사》라는 동화에서 우리 인생의 중요한 면을 발견하게 된다. 그것은 바로 부족함을 아는 자가 부족함을 채우기 위해 노력하는 것이 삶의 한 과정이고, 그런 모습이 바로 아름다움의 본질이라는 것이다. 인생은 자신과의 싸움이고 자신을 관리해나가는 거라고 말해주고 있다.

우리보다 앞서 살았던 많은 사람은 용기를 내어 무엇인가를 시도했고, 시행착오를 거치고 좌절하면서 자신들이 원하는 것을 얻어냈다. 그리고 그 방법을 우리에게 알려주고 있다. 대표적인 인물이 아리스토텔레스다.

아리스토텔레스 이후로 이 세상에 새로운 것은 아무것도 없다고 한다. 그만큼 인류에게 많은 것을 알려주는 현인이라는 것이다. 위대한 현인답게 그는 수사학에서 설득의 세 가지 요소를 설파했다. 지금까지 살펴본 에토스, 파토스, 로고스다. 설득을 한다는 것은 좁게 보면 다른 사람을 내가 원하는 방향으로 이끌기 위한 테크닉이라고 할 수 있다. 그러나 좀더 넓은 의미로 본다면, 나를 제외한 모든 사람과 윈윈의 관계를 형성하는 일이라고 할 수 있다. 이런 관계 형성은 우리 삶이 행복해지기 위해 누구나 바라는 일이다. 그러나 쉽지 않은 일이다. 타인은 나와 같은 생각을 하는 사람들이 아니기 때문이다.

편의상 에토스, 파토스, 로고스라는 세 개의 키워드를 챕터별로 나누어서 살펴보았다. 그런데 이 세 가지는 서로 융합되고 보완되어야 하는 관계임을 당신은 느꼈을 것이다.

그리고 세 가지 중 어느 것을 더 중요하게 여기느냐는 우리가 어떤 시대에 살고 있느냐에 따라 달라진다. 지금은 흔히 감성 시대라고 말한다. 서비스에서도 감성을 이야기하고, 커뮤니케이션에도 감성대화법을 강조하고, 경영도 감성경영을 말하는 시대다. 파토스가 강조되는 시대다. 에토스가 나 자신을 만들어나가는 일이라면, 파토스는 상대의 감정에 초점이 맞추어져야 하는 일이다. 상대의 마음에 울림을 만들어내야 하는 것이다. 세상의 중심은 나라는 나르시시즘이 우리 삶의 근본 에너지라고 말했지만, 아이러니하게도 나라는 존재의 중요성을 확인하려고 한다면, 타인이 반드시 필요하다. 나의 에토스가 아무리 높은들 상대의 파토스를 움직이지 못하면 설득이 안 된다는 것도 같은 원리다. 내가 중요한 만큼 상대에 대한 배려와 공감, 역지사지가 필요한 것이다. 그렇다고 로고스의 중요도가 낮은 것은 아니다. 에토스와 파토스를 잘 활용했다 하더라도 로고스가 확실하지 않으면, 한 번은 설득이 된다 하더라도 지속적인 설득은 불가능해진다. 지금은 로고스 역시 파토스가 가미되어야 더욱 풍성한 로고스가 된다. 사람은 감정의 동물이기 때문이다.

아리스토텔레스라는 인류의 선배가 알려준 설득의 요소 중 당신이 부족하다고 생각하는 부분이 있는가? 그렇다면 부족하다고 움츠러들기보다는 내 안에 이 모든 것이 이미 존재하고 있음을 깨닫고 그

것을 밖으로 표현하고 활용하기 위해 오늘부터 무작정 시작해보라고 말하고 싶다. 허수아비처럼, 양철 나무꾼처럼, 사자처럼 그리고 무작정 쓰기 시작한 우리처럼 말이다.

시작은 불안하고 미약하지만, 과정은 힘들더라도 아름다울 것이다. 부족함을 인정하고, 그것을 얻기 위해 노력하는 모습이 진정한 아름다움이니까.

마지막으로 비트겐슈타인의 명언으로 당신과 함께한 설득 여행을 마치고자 한다.

"두려움이 아니라 두려움의 극복이 칭찬받을 만한 일이고, 인생의 보람을 느끼게 한다. 마음속의 용기야말로 비록 처음에는 겨자씨 같아도 점점 성장해서 거목이 되는 것이다."